僕の流儀

What's Next?《ワッツ・ネクスト》

加藤雅也

Masaya Kato

彩図社

初めてのパリ・コレクション（1987年）。「ルシアン・フォンセル」のショーにて。
左にいるのは先輩モデルの永澤俊矢さん。

本書のカバー写真のカメラマン・大沢尚芳さんのスタジオを訪れたとき、撮影していただいたテスト撮り。その日に着ていた赤いシャツとたまたまあった帽子を合わせてみた。

『クライム・ブローカー　仮面の誘惑』（1993年）の海外向けリーフレット

1993年には、マイケル・パレ（左）と「LARK Lights」のCMで共演

『落陽』（1992年）。左から伴野朗監督、ユン・ピョウ、ダイアン・レイン。

映画『サヨナライツカ』(2010年) でイ・ジェハン監督とシーンの打ち合わせ中

左からゲイリー・ダニエルズ、コナン・リー、
サイモン・ツェープロデューサー、ジョージ・チェンさん

映画『BROTHER』（2000年）、撮影の合間のオフショット

映画『真田十勇士』（2016年）では真田幸村を演じた

フランスのコニャック映画祭で知り合ったカメラマンにパリで撮影してもらったテスト撮り

僕の流儀
What's Next ?

加藤雅也

Masaya Kato

彩図社

はじめに

数ある本の中から、本書を手に取っていただきありがとうございます。

なぜ僕が本を出すことになったのか、きっかけは50歳から始めたラジオ番組でした。

僕は２０１３年からＦＭヨコハマで『加藤雅也のBANG BANG BANG !』（毎週土曜日、25時〜25時30分）というラジオ番組をやっているのですが、それを聴いた本書の編集者が「話が面白いので、本を書いてみませんか?」と声をかけてくださったんです。

そのときは「このラジオが10年続いたら……」なんて言ってお茶を濁したんですが、その番組が本当に10年続いたんです。

ラジオが10周年になった２０２３年、僕は60歳になり、俳優になって35年という節目を迎えました。これも何かの縁だろうと、今回本を出させていただくことになりました。

ただ、本を出すといっても何をどう書いていいかわかりません。そこで、ラジオ番組で送られてきたメールにコメントするような形式で、編集の方に色々と質問をしてもらい、僕の答えを書き起こしたものに自分自身で加筆修正を施して完成させました。

インタビューは合計5日間、時間にすると30時間強はやったと思います。

タイトルの「What's Next ?」は、僕がアメリカに住んでいた頃、ハリウッドのあるプロデューサーと会食をした際に言われた言葉です。

「マサヤ、ハリウッドでは過去にどんな作品に出たかということに誰も興味がない。あなたが日本でどんな映画に出ていたとか、誰と仕事をしたかではなく、重要なのは今どんな作品を撮っているのか、そしてこれからどんな作品に出るのか。私たちが見ているのは、〝What's Next ?〟なんだ。だから、きた仕事はどんどんやりなさい」

僕はこの言葉を常に頭の片隅において、活動を続けています。映画やドラマで従来のイメージとは違った役を演じるときも、45歳で初舞台を踏んだときも、バラエティー番組やラジオなどをやるときも、常に「What's Next ?」であることを意識してきました。

僕にとって本というのは、新しい挑戦です。本のタイトルは、と考えたときに「What's Next ?」以外にはないと思い、このタイトルに決めました。

近年は、奈良市の観光特別大使を務めさせていただいている関係もあって、講演をさせていただく機会が少しずつ増えてきました。そういうときにお話しするのは、俳優生活で得たことや、海外での生活で得たことなど、僕の経験をもとにした話です。聴いてくださった方が僕の話からどんな些細なことでもいい、何か気づきを得てくれたらという思いで話をしてきました。

この本に書かせていただいたことも、モデルになってから現在に至るまでの僕の個人的な経験ですが、そんな中から何か参考になることを見つけていただければ、それほど嬉しいことはありません。

では、前置きはこれくらいにしてそろそろ始めましょう。

『僕の流儀　What's Next ?』。

最初はこんな話からです。

『僕の流儀　What's Next ?』

～目次～

【第二章】

DAY2 ～取材2日目～ …… 61

【第三章】

DAY3 ～取材3日目～

【第四章】DAY4 〜取材4日目〜……151

【第五章】

DAY5 ～取材5日目～ 195

【第一章】

DAY 1

取材１日目

僕の流儀——1

シティロード
～教育学部から芸能界へ～

いま、こうして俳優をやらせてもらっていますが、もともと芸能界志望だったわけじゃないんです。

高校を出た後は、横浜国立大学に進学して、小中高の教員免許を取得しながら、バイオメカニクス（生体力学）の勉強をしていました。中学からずっと陸上をしていたので、将来はスポーツ科学の研究者か、トレーナーなど陸上競技に関わる仕事に就きたいな、なんて考えていましたね。

そんな僕が芸能の道に進んだのは、不思議な縁があったからです。

転機が訪れたのは、大学3年のときでした。

ある日、大学に行くと、掲示板に妙な貼り紙がしてあったんです。

「教育学部で陸上部に所属している加藤昌也さん、連絡をください。倉谷宣緒《よしお》」

名前を見てすぐにピンときました。倉谷さんは、僕が何度か顔を出したことがある映画サークルの代表者でした。

大学2年の夏休み。実家に帰らずヒマを持て余していたので、映画でも見ようかと思い、近所の店に情報誌を買いに行ったんです。当時は映画や演劇、コンサートなどの情報は、『ぴあ』などの情報誌を読んで収集する時代でした。僕はいつも読んでいた『ぴあ』を買おうとしたのですが、売り切れてしまったのか、ライバル誌だった『シティロード』しか置いていないんです。

「まあ、書いてあることは一緒か」

それで買って帰って部屋でバーッと眺めていたら、読者投稿欄に倉谷さんが出していた「サークルメンバー募集」の記事を見つけたんです。

映画は好きだったし、活動場所も家から近い。それで行ってみることにしたんですね。サークルの内容ですか？　短編映画でも作ろうとしていたのかな。倉谷さんはもともと俳優志望で無名塾を目指していたということだったので、演技論の勉強会などをやっていた記憶があります。たぶん2、3回くらい顔を出して、あとは行かなくなったと思いますね。

その倉谷さんがいったい何の用だろう。そう思って、貼り紙にあった番号に電話をかけてみたんです。

「おお、加藤君。実は俺、あれから転職したんだよ。それで、モデルっちゅうのやってみない？」

「モデル？　僕がですか？」

倉谷さんは勤めていたレンタカー会社を辞めて、モデル事務所のマネージャーに転身していました。新人マネージャーなので、スカウトのノルマがあったんでしょう。それで映画サークルにきていた僕のことを思い出して、連絡してきたんですね。

当時、僕は固定電話を引いていなかったし、携帯電話も当然ありません。加えて、引っ越しもしていたので、普通であれば連絡をとる手段はないわけです。そこで倉谷さんは大学の掲示板を利用したわけですが、僕が教育学部で陸上部にいたということをよく覚えてくれていたなと思いますね。あとは大学の学生課も、わけのわからない貼り紙を貼ることをよく許可したなと（笑）。まあ、時代ですよね。

今振り返ると、不思議な縁ですよね。映画を観に行こうと思った大学2年のあの日、いつものように『ぴあ』が置かれていたら、僕は倉谷さんと出会えていません。倉谷さんの貼り紙だって、僕がたまたま掲示板の前に行かなければ見つけることはできなかったでしょう。

このように普段は選ばない選択肢が、思わぬ道を切り拓くことはあるんですね。だから僕は、「行き詰まっているかもしれないな」とか「意識を変えたいな」と感じたときは、普段とは違うことをするようにしています。そうすれば、新しい世界が広がる可能性がありますから。

ちなみに、倉谷さんは俳優の大沢たかおくんもスカウトしています。現在は制作会社の代表を務めていますが、いまでも親交がありますね。

「興味のない分野にチャンスが落ちていることがある」

僕の流儀――2

駆け出しモデル

～仕事をするにあたって一番大切にしていること～

仕事をするにあたって、僕が大切にしているのは「準備」ですね。

人によって色々なアプローチの仕方があると思いますが、撮影に入るときは、役作りはもちろん、暑さや寒さ対策、アクションシーンがある時はマイサポーターやマイプロテクターの用意など、できる限りの準備をして臨むようにしています。

僕がそうするようになったのは、モデル時代の経験があるからです。

掲示板の張り紙を見て、倉谷さんに連絡した後、しばらくしてから事務所の面接を受けました。

モデルクラブに所属したのは大学3年の時でしたが、学業を優先したので本格的に仕事を始めたのは卒業単位をほぼ取り終えた大学4年から。初仕事は結婚式場のパンフレットのモデルでした。当時はモデルといえば、雑誌かファッションショーぐらいしか思い浮かばなかったので、こういうパンフレットもモデルがやっているのか、と驚いた記憶があります。でも、考えてみれば、世の中の広告はほとんどモデルがやっているんですよね。

いわゆる〝事務所のバーター仕事〟で、僕は結婚式場を見学にきたカップルの男性役をやることになりました。でも、学生ですから結婚式場のパンフレットなんて見たことがない。どういうものか分からないと準備できないので、表参道の結婚式場でパンフレットをもらって研究しました。

そうして迎えた初の撮影。緊張はしましたが、事前に内容を理解していたので、撮影は割と順調に行きました。このときですね、準備することの重要性を知ったのは。

それからは新聞に挟み込んであるチラシのモデルとか、色々なことをやりました。

当時、スーパーなどのチラシだと3万円くらいもらえたんです。事務所に30%払うので、僕の実入りは2万1000円。10本やると21万円で、コマーシャルやカタログの仕事が入るとプラスアルファという感じです。最初の頃は月に10本なんてなかなかできませんが、大学生のアルバイトとしては割がいいですよね。

ただ、実情は出費が多くて大変でした。撮影には色々な小道具が必要なのですが、それらはすべて自腹だからです。

たとえばタートルネック特集みたいなチラシがあったとします。撮影では白や赤など、色々なセーターを着るわけですが、下のズボンはすべて自前です。ズボンだけじゃなく、シャツや靴、ネクタイ、ベルトなどすべて自分で揃えなければなりません。だから、常に荷物はパンパン。モデルの七つ道具みたいなもので膨れ上がった黒い特大鞄を持って移動していました。

この荷物をどうにかして減らすことができないか、だんだん工夫をしていくわけです。

たとえば、表が黒で裏が茶色の、バックルが回転する2ウェイ仕様のベルトを買うとか、ジャケットのボタンを締めたら分からないので首の部分だけのタートルセーターを何色か揃えておくとか。あとは、靴などの小物は白のスニーカー、茶色と黒の革靴など万能なものを最低限用意する代わりに、軽くて変化を出せるポケットチーフやネクタイは多めに持っておくとか、色々なことをやりましたね。

あとは、自分の売り込みも工夫しました。

チラシの仕事をやらせていただいたら、クライアントや制作会社の担当者に年賀状や暑中見舞いを書くんです。モデルをやっていた2年半の間は毎回、写真付きで100枚くらいは書きましたね。

ほかには、カメラマンさんにボツネガをもらって、その写真を引き伸ばしてブックに入れて持ち歩いたりもしました。オーディションで「どんな仕事をしているの？」と聞かれたとき、チラシだと様にならないですが、その写真を見せれば「広告です」と言えるわけです。

自分で仕事を取らなければならないので、オーディションを1日3件受けることもザラでした。媒体によって求めるイメージは違うので、服をいっぱい持っていって、トイレで着替えたりもしました。モデルは基本的にメガネはダメなんですが、色々な自分を見せるために、あえてメガネをかけてオーディション会場に入って中で外したこともあります。

モデルとしてとにかく早く結果を出したかったし、競争を勝ち抜かなければならなかったから、できることは何でもやったんですね。

これは今でも同じです。僕は役をいただいたら、その役を理解するために多角的に役を作っていきます。そうすれば、自分の想像を超えるもの——たとえば、予想外のロケーションでの演技だったり、役作りの時に想定していたものとは別の演技を求められても対応することができるんですね。

そういうことを積み重ねてきた結果、最近では監督から「考えてもなかったようなシーンが撮れました」という言葉をいただくことが増えてきました。僕にとっては一番嬉しい言葉ですね。

「仕事は、準備がすべて」

僕の流儀――3

挑戦と決断

～やりたいこととやれること～

新しいことを始めるときは、期限と目標を決めるようにしています。

期限というのは、物事に取り組む具体的な期間です。

2年なら2年、3年なら3年と最初に決めておかないと、どうしてもダラダラと続けてしまう。やはり期限を決めることは大切なんですね。

目標もできるだけ具体的なものがいいですが、これは期限内に達成できなくてもかまいません。可能性を感じることができれば、続ければいいんじゃないかと思います。

僕がモデルを本格的に始めたのは大学4年の春ですから、1年したら就職するか、モデルを続けるのかを決断しなければなりませんでした。

教職課程はとっていたので教員採用試験を受けるという選択肢もありましたが、自分には向いていないようにも感じていました。気持ちとしては、卒業後もモデルを続けたかったのですが、そのためには父親を説得する必要がありました。

父は普通のサラリーマン。厳しいタイプではなかったけれど、モデルをやりたいなんて言ったら、「大学まで行って何をやっているんだ！」と叱られるかもしれません。地元の奈良から横浜の大学に通わせるのは経済的にも大変なことです。妹もいましたし、なおさらだったでしょう。

そんな父を説得しなければならないわけですが、当時はモデル業だけで一生食べているという男性モデルは全然いなかったんですね。ベテランの男性モデルもいるにはいましたが、そういう方々は若い頃の蓄えでモデル・エージェンシーやレストラン、カフェを経営するなど、本業が別にあって、仕事が入ればたまにモデルをするというケースがほとんどでした。モデルというと華やかなイメージがありますが、何の保証もなければボーナスみたいなものもない、実態はなかなかシビアな仕事なんです。

ただ、いま考えれば運が良かったんでしょうね。

僕の場合、がんばったらがんばっただけ、結果が出ていた。モデルの仕事は楽しかったし、できることならこのまま卒業後も続けたいと思っていました。

でも同時に、夢を語るだけでは、父親は説得できないことも分かっていました。説得するには自分の中でも〝やれる〟という根拠を持つことが必要だと感じていたんです。

〝やれる〟という根拠とは、どういうものか。

この話をするとき、僕はよく陸上競技を例に説明しています。

たとえば、オリンピックの陸上100メートル走で金メダルを目指したとします。金メダルを獲るには、決勝に進出する必要があります。最低でもオリンピックに出場できるレベルにないと、金メダルを獲れる可能性はないでしょう。

では、そこで日本選手権にも出場できていないのだとしたらどうでしょうか。

オリンピックに出るための予選にも出られていないのだから、金メダルを獲る確率は限りなくゼロに近いはずです。

いまの状態を冷静に見たとき、自分はオリンピックの決勝に残れるレベルなのか。オリンピックに出られるレベルにはまだなくても、日本選手権で上位に入賞できるくらいのところにはきているのか。

もしも日本選手権にも出られていないのだとしたら、僕はその時点で望みがないと判断して、別の道を探します。

これはあくまで僕の考え方ですが、それが「やりたいことと、やれることの違い」なんじゃないかと思ったんですね。

僕はそれから1年間という期限を決め、父を説得するための、モデルを〝やれる〟という確信のようなものを見つけるために、考え得る限りのことにがむしゃらに取り組みました。その結果、巡り合ったのが『メンズノンノ』だったんです。

「期限と目標を決めたら、
あとは考え得るすべてのことをやる」

僕の流儀――4

メンズノンノ

～創刊号のモデルに選ばれて～

『メンズノンノ』ですが、これも運が良かったんですね。

まだ『メンズノンノ』ができる前、チラシのモデルなどをやっていた頃の話です。

モデルの先輩に、オーディションで見せるファイルに自分が載った雑誌の記事があるといいと聞いたんです。それで雑誌の仕事を取りにいったんですが、これがうまくいかないんですね。オーディションを受けてもぜんぜん決まらないんです。そんな中、しつこく雑誌の編集部を訪問していたら、根負けしたのか使ってくれるところが出てきたんです。

自分にとっては願ってもないビッグチャンスです。撮影にそなえてトレーニングをして、日焼けをして、散髪もして、ベストな状態で臨みましたよ。

撮影は日曜日でした。現場に行くと、売れっ子のモデルが3人ぐらいいたんです。それで面倒くさそうな顔で「日曜まで仕事なんてやりたくねえよな」なんてことを言っている。その会話にものすごいショックを受けたんですね。「自分にとっては天にも昇るような雑誌の仕事なのに、彼らにとってはゴミみたいなものなのか……」。悔しいけれど、これが現実なんだなと思いました。

そんなとき、女性ファッション誌『ノンノ』の増刊号として『メンズノンノ』が発売されたんです。阿部寛くんと風間トオルくんの2トップで。それを見て、閃いたんですね。増刊号が出たということは、創刊号もあるんじゃないかって。

何の確証もない、たんなる予想ですよ。でも、すぐに『メンズノンノ』を買って、その日のうちに編集部に電話しました。

「『メンズノンノ』の創刊号が作られることがあったら、僕をオーディションに呼んでください」

そうお願いしたら、編集部の宮脇さんという方が会ってくれることになったんです。

宮脇さんは若手の編集者でしたが、とても熱意のある方で、僕が毎月のように写真を持っていくと、そのたびに丁寧に対応してくださいました。

このとき、僕はとにかく印象を残したくて色々と策を練りました。たとえば、本当は写真が3枚あるのに、2枚だけ渡して「実は明日、もう1枚できる予定なんです」なんて言って、翌日また訪ねたり。あとは「近くまでオーディションにきているのですが、今いらっしゃいますか?」と偶然を装って会いに行くこともありました（笑）。もちろん売り込みなんですけど、「たまたま近くに」と言うと会ってくれやすいんです。

そうこうしているうちに、『メンズノンノ』の創刊が決まりました。

創刊にあたって、編集部内でモデルを選定する会議が行なわれたのですが、そこで宮脇さんが「実はこんな子がいる」といって、僕の写真を出してくださったんです。

「へえ、この子、ほかの雑誌に出ているの?」

「いや、まだ出ていないです」

新創刊の雑誌なので、モデルにもフレッシュさを求めていたんでしょう。この「出ていない」というのが良かったんです。「じゃあ、この子で」と選んでくださったんですね。

『メンズノンノ』に出るというのは、業界的にすごくセンセーショナルなことでした。選んでいただいたということは、僕の顔がこの時代に合っているのかもしれない。「この世界でやれるかもしれない」という思いを持つことができましたね。

『メンズノンノ』が決まったのは22歳のときでした。もしも決まっていなかったら、モデルを続けていたかどうかは分かりませんが、大学院に行ったつもりで、あと2年くらいはやっていたかもしれません。

そう思えたのは、僕の中で比較的結果が出ていると感じていたからです。1年がむしゃらにやって箸にも棒にもかからなかったら？　たぶん、スパッとやめていたでしょうね。


「とことんやれば、やめる勇気も持てる。

中途半端だと、やめる勇気すら持てない」

僕の流儀――5

ファッションショー

～売れるモデルと売れないモデルの差～

僕は若い子から相談を受けたら、できる限りのことはやろうと思っています。

そう思うのは、僕自身、多くの人に助けられたし、また今も支えられているからです。

たとえば、モデル時代に苦楽をともにしたマネージャーの倉谷宣緒さん。大学の掲示板に張り紙をして、僕をスカウトしてくださった方です。


モデル事務所というのは、基本的に個人のマネージャーはいません。チーフマネージャーの他に何人かアシスタントマネージャーがいて、共同で大勢のモデルをマネジメントしています。

でも倉谷さんは自分がスカウトしたという責任感があったんでしょうか。従来のマネジメントの範囲を超えて協力してくださったんです。

その頃、僕は『メンズノンノ』を1年で卒業し、ファッションモデルとしてやっていこうとしていました。目標にしていたのは、あるデパートのショーです。当時は各デパートが自分のところで扱うブランドの服を紹介するファッションショーを開催していて、僕が目指していたデパートのショーは業界的な注目度が高かった。そこを足がかりに、本格的なファッションショーに進出したいと考えていたんです。

でも、これがなかなかうまくいかないんですね。僕の所属していたモデル事務所はコマーシャルがメイン。そのため、オーディションにすら呼んでもらえない状況でした。雑誌の後ろの方に載っている各ブランドのプレスに電話をかけて、直接売り込んでみたりもしましたが、結果はまったく出ませんでした。

そんなとき、ひとつ耳寄りな情報が飛び込んできたんです。

僕が目標にしていたデパートのショーの主催者が、都内のあるクラブに毎週末現れるというんです。そこで仲良くなることができれば、オーディションに呼んでもらえるかもしれない。そう考えて、毎週末にそのクラブに行ってみることにしたんです。

このとき、僕につき合ってくださったのが、倉谷さんでした。

倉谷さんはプライベートな時間まで使って、僕を売り込んでくださいました。

車でその主催者を自宅まで送ったり、デパートのチラシ配りを手伝ったり……。その姿勢が心を動かしたんでしょう。「お前、そこまでして加藤を売りたいのか。わかったよ、次のショーに入れてやるよ」と、僕を出演させてくれることになったんです。倉谷さんのおかげです。

でも、結論からいうと、僕はそのショーには出られませんでした。ショーのスタイリストの猛反対にあって、直前にリストから外されてしまったんですね。

いまなら、そのスタイリストの気持ちも分かります。僕は主催者の推薦で、強引にリストに入ってきた。自分の感覚に合わないモデルは使いたくないですよね。

しかし、当時は本当にショックで落ち込んでいたら、倉谷さんが僕が出るはずだったショーを見に行くぞと誘ってきたんです。当然、そんなものは見たくありません。僕が渋っていたら、倉谷さんは「いま見にいかなかったら、一生このショーには出られないぞ。お前は出るんだよ、このショーに！」って僕を連れ出したんです。それで最前列で見てきましたよ。

そんなことがあった時、ウェディングのショーでメイキャップの関さん（化粧品メーカー、コーセーに所属）という方と出会ったんです。

「雅也は東京コレクションには興味はないの？」

「そんなことないです。やりたくて、いろんなところに売り込んでいるんですよ」

「じゃあ、俺が言ってやる」

そういって、あるブランドに口を利いてくださったんです。

後で聞いた話ですが、最初はそのブランドのデザイナーは僕を使うことを嫌がったらしいんです。でも、関さんは喧嘩をしてまでデザイナーを説得してくださったそうなんです。

そうして出演できた、念願のファッションショー。もともと僕に対して良い印象がないのでデザイナーからの評価はイマイチでしたが、業界の注目度が高いショーに出られたので周りの見る目が大きく変わりました。

「彼、『メンズノンノ』に出ていた子だよね」

そういって、ショーのオファーが次々と舞い込むようになったんです。

その頃からでしょうか。周りの人から「顔つきが変わった」と言われるようになって、中には「加藤君って整形したの？」なんて事務所に問い合わせてくる人もいたそうです

（笑）。もちろん整形はしていないので事務所が否定すると「でも、顔が変わったよね」と言っていたそうです。

当時は髪を短くして『メンズノンノ』の〝かわいい男の子〟というイメージから脱却を図っている頃でした。その影響もあったと思いますが、いま振り返れば僕のハングリー精神が眼つきや顔つきを変えたんじゃないかなという気もしています。

芸能界では、よく〝売れると顔が変わる〟と言います。売れたという自信、そのために自分はこれだけやってきたという自負が、顔つきを変えるんですね。僕の場合、自信はまだなかったけれど、自分はこれにかけている、すべてを投げうってやっているという情熱はあった。そのギラギラしたものが顔に出ていたんじゃないかと思うんです。

ショーに出られずにもがいていた頃と、ショーに出られるようになった頃の写真を比べると明らかに違うんですね、顔つきが。今見ると「これじゃあ、オーディションに受かるわけがないよな」と素直に思います（笑）。

僕を落としたショーのスタイリストや、僕を使うことを拒否したデザイナーは何も意地が悪かったわけではない。僕がそのとき、〝使いたくなるような顔〟をしていなかった。ただ、それだけなんです。

若い子から、ときどき事務所やマネージャーへの不満を相談されることもあります。でも、そこで見られているのは、結局、自分自身なんですよね。事務所やマネージャーは鏡のようなものです。それをどんなに豪華なものに変えても、映っている自分の顔が汚れていたら何も変わらないんです。逆に自分が輝いていれば、鏡の破片に映っていても輝いて見える。事務所やマネージャーへの不平不満をいう前に、まずは自分自身を変えてみる。それが僕のアドバイスです。

やっぱり、がんばったらがんばった分だけ、顔つきは変わるんですよね。

「他人を動かすなら、まず自分から変わる」

僕の流儀――6

イッセイミヤケ

～ショーのリハーサルでの出来事～

1987年のことでした。

ファッションショーに出られるようになってきた頃、僕に大きなチャンスが巡ってきました。

あのイッセイミヤケが、久しぶりに日本でショーをやることになったんです。

僕からしたら、イッセイミヤケなんて雲の上の存在。まあ無理だろうなと思いながらもオーディションに行きました。

すると、やっぱりたくさんのモデルが受けにきている。これはさすがにダメだったかなと思ったんですが、何日かして事務所に行くと、スタッフが「雅也、まだ残っているよ」と。事務所に貼ってある僕のスケジュール表を見たら、たしかにまだキープになっているんです。

「うちの事務所では雅也だけだよ。残っているの」

それを聞いて驚いていたら、あれよあれよという間に決まってしまったんです。イッセイミヤケのショーはトップモデルしか出られませんから、そんな舞台に立てるなんて「ウソでしょ」としばらく信じられなかったですね。

このときのオーディションで僕を推してくれたのが、毛利臣男《とみお》さんでした。毛利さんはイッセイミヤケ・メンのデザイナーであり、演出家を務めていた方です。猿之助さんのスーパー歌舞伎の衣装デザインや演出なども手がけられています。

僕は他のモデルより小さかったので、「服が合わないいんじゃないか」という意見も出たんだそうです。でも、毛利さんは「いや、この子がいい。絶対、この子でいく」と選んでくださったんですね。ただ、たしかに服は大きかったので、スーツ系の服は着せてもらえず、セーターなどカジュアルなものを着て出ました。

そうしたら三宅さんご本人も気に入ってくださり、「パリコレのオーディションにおいで」と誘ってくださったんです。

イッセイミヤケのショーといえば、覚えているのがリハーサルですね。

この時のショーは、トレーニングのロッカールームが舞台で、モデルたちはそこで着替えてお客さんの前に歩いていくという演出でした。

「さあ、靴を脱いで立ってください」

リハーサルの前に、そう言って出演モデルが並ばされました。すると見事に背の高さがガタガタなんですよ（笑）。オーディションの募集要項は身長186センチ以上だったんですが、僕を含めてサバを読んで受けている人がけっこういたんですね。で、そういうモデルは身長をかさ増しするために、ソールを何重にも入れたブーツを履いたりしている。それを脱いだものだから、小さくなってしまったんです。僕もヒールが高めの靴を履いていたので脱ぐ瞬間はちょっと焦りましたが、いまさら降ろされることはないだろうと開き直っていました（笑）。

後年、毛利さんと偶然、新幹線で隣同士になったことがあります。

「雅也、久しぶり」って声をかけてくださったので、昔話をしたんですね。そうしたら「ずいぶん丸くなったよね」って言われました。あの頃の僕はギラギラして熱かったんだそうです。

この時の再会が縁になって、毛利さんにお誘いいただき、２００１年に舞台『モーリ・マスク・ダンス　パート5　AMATERASU』のロンドン公演に出演させていただきました。会場はイギリスで最も長い伝統を持つ、ドゥルーリーレイン王立劇場。世界的なトップモデルとして活躍された山口小夜子さん、舞踏家の藤間信乃輔《しんのすけ》くんとの出会いがあったのもこの舞台です。

毛利さんにはパリ、ロンドンと世界に連れて行っていただいた。本当に貴重な体験をさせていただきました。

倉谷さん、関さん、毛利さん……。

ここでは名前は出しませんでしたが、僕を支えてくださった方は他にもたくさんいます。

なぜ、皆さんが僕を助けてくれたのか。

理由は定かではありませんが、僕のひたむきさや熱さを面白いと思って下さったからこそ、本気でつき合ってくださったのではないかと思っています。

そういう方々と出会えたのは、僕の中で大きな財産になっています。

でも、僕はお世話になったみなさんに何のお礼もできていないんですよね。

そもそも、僕がお礼をできるような立場の方々ではないというのもあります。

だから、せめてもの代わりというわけではないですが、僕を頼ってきた人にはできる限り手を差し伸べるようにしているんです。

それが、僕を助けてくれた方々への恩返しになればという思いで……。

「成功のかげに、人の助けあり」

僕の流儀――7

パリコレ

～僕がモデルから俳優に転向した理由～

僕が人生の教訓にしている言葉に、「やり続ける勇気があれば、やめる勇気もある」というものがあります。

ビジネスの世界でも、そういう局面はよくありますよね。たとえば、あるプロジェクトに巨額の予算、多数の人員を投じて進めていたが、どうやら失敗しそうな気配になってきた。そういうときに、状況が好転することに賭けてプロジェクトを続けるか、それとも赤字を拡大させないために中止するか、ということです。

そこまで規模の大きな話ではありませんが、僕も同じような決断を迫られたことがあります。

1987年の8月、僕は〝憧れのパリ・コレクション〟に挑戦するために、パリにいました。

挑戦といっても、このときは何ひとつ決まっていません。コレクションが始まる1か月前から、パリでは各ブランドがモデルのオーディションを開始します。それを受けるために、僕はパリにきたわけです。

パリコレに挑戦、とさらっと言いましたが、実はこれがけっこう大変なんですよ。

まずは費用ですね。そう、お金の問題です。

パリコレに挑戦するとなると、最低でもオーディション期間の1か月間は日本での仕事はできなくなる。その間は無収入になるので、パリ滞在中の生活費（ショーに出演が決まれば2か月分）と、日本に帰国してからの生活費（1か月分）は最低限、確保しておく必要がありました。あとは渡航費ですね。当時は格安航空券などないので、航空券代も馬鹿にならない。パリで安くて汚い宿に泊まって、どんなに食事を切り詰めたとしても、最低100万円は必要でした。

そして、競争率もすごく高い。パリコレの期間中は、世界中のモデルがパリに集まってきます。その人数に対して出演枠はわずかですから、厳しい競争を強いられる。

さらにコミュニケーションの問題もあります。パリコレに出演するためには、現地のモデルエージェンシーに所属しなければなりません。僕の場合は何のサポートもなかったので、自分でエージェンシーを探して、交渉しなければなりませんでした。

それなりの額のお金を投じたうえで、厳しい競争を勝ち抜いて出演できるわけですから、よほどショーのギャラが良いのかというとそんなことはないんです。むしろ安いと思いますね。

もちろん、中には1ステージで100万円もらうスーパーモデルもいますよ。でも、そういう人はごく少数で、僕らのようなオーディションを受けなければならないようなモデルは、1ステージ3万円とか、7万円とか、その程度です。お金は問題じゃないんですね。モデルにとってパリコレに出た、という実績の方が大切なんです。パリコレに出ることができたら、新しい仕事につながります。その後にどれだけメリットがあるか、という話なんですね。

さて、パリに着いたらエージェンシー探しです。

慣れない地下鉄なんかを乗り継いで、ひとりで現地のモデルエージェンシーを訪ねます。

カタコトの英語で自分を売り込んで、籍を置かせてもらうんです。その後はオーディションの毎日です。朝から晩まで、受けられるところは片っ端から受けていく。オーディション情報を得るために、パリのブランドショップを訪ねて、聞いて回ったりもしました。

その結果、僕は運よく2つのショーに出演することができました。

ひとつは「ルシアン・フォンセル」というフランスのブランドです。このときのコレクションの中に、マオカラーのジャケットなど、アジアっぽい服があったので、東洋人のモデルを探していたみたいです。

オーディションに受かった日本人のモデルは、僕を含めて2人。もうひとりは先輩の永澤俊矢さんでした。デザイナーが「トシヤとマサヤって名前が似ているな」と笑っていたので、僕は俊矢さんのおかげで出られたのかもしれません。

もうひとつは、日本でもお世話になった「イッセイミヤケ」です。日本でお会いしたとき、パリコレに挑戦したいとお話しをしたら三宅さんに「いらっしゃい」と言っていただきました。それでオーディションを受けたら、合格したんです。

ルシアン・フォンセルとイッセイミヤケ、どちらのショーもとても強く印象に残っていますね。

ルシアン・フォンセルは、アトリエの中庭のようなところにランウェイが設けられていました。比較的小ぢんまりとしたショーだったと思います。文字通り、初めてのパリコレだったわけですが、不思議と緊張はあまりしなかったですね。それよりも「パリコレに出るぞ」という高揚感の方が大きかったように思います。

それで服を着てランウェイを歩いていくわけですが、カメラのストロボの圧がすごいんです。光の粒子を感じられるはずがないのに、フラッシュが焚かれるたびに頬っぺたを叩かれているような気がしました。「うわぁ、これが世界の、パリコレのフラッシュなのか」って。そんな感覚になったのは、後にも先にもこのときだけです。

イッセイミヤケのショーは、とても大がかりでした。パリにある3階建ての室内プールが会場で、プールの上に橋を渡してその上をモデルが歩いていくんです。とても格式があるプールで、すり鉢状に2階席や3階席が設けてあって、お客さんはまるでオペラ座のようにそこからショーを見下ろすんです。日本ではそういうショーに出たことはなかったので、さすがはパリコレだと思いましたね。

幸運にも僕は、最初の挑戦でパリコレに出ることができました。

でも、同時に自分自身に限界も感じました。

やっぱり僕は小さいんですよ。周りのモデルはみんな『テルマエ・ロマエ』の阿部寛くんみたいな人ばかりで、コレクションの服は彼らのサイズで作られているから僕には大きすぎるんです。

当時のモデルの世界では、体格は絶対的なものがありました。

たとえば、ある有名ブランドはオーディション会場の入口に大男がいて、彼より小さければ「メルシー」と帰される。

もちろん、ただ大きいだけでもダメなんです。オーディションで知り合った中に、アフリカからきた素晴らしく足の長いモデルがいました。彼は大きかったけれど、どこにも受からなかった。足が長すぎて、服が逆に不格好に見えてしまうんですね。ショーの主役はモデルではなく服ですから、服がよく見えないモデルはダメなんです。

モデルを辞める決断したのは、帰りの飛行機の中でした。

パリコレに出演するという目標を叶えたので、それほど悩まなかったですね。

ちなみに、『マリリンに逢いたい』でデビューした１９８８年にも、僕はパリコレに出ています。

映画の初日の舞台挨拶が終わった後、２か月の休暇をもらって世界一周旅行をしたんですね。そのとき、ロサンゼルス、ニューヨーク、パリと周ったんですが、ちょうどパリに着いたとき、パリコレのオーディションをやっていたんです。モデルエージェンシーの籍は生きているし、どうせならとオーディションを受けたら、またルシアン・フォンセルとイッセイミヤケに使ってもらえたんです。2回目のイッセイミヤケのパリでのショーは、歴史ある体育館を貸し切って、バスケットコートの上を歩きました。

帰国後、僕はモデルの仕事からは距離を置き、本格的に俳優へとシフトチェンジしていきます。俳優になったことで、僕は色々なことを経験することができました。そう考えると、あのときの決断は正しかったのかなと思っています。

「壁にぶつかったら、他に道はないかと考えてみる」

僕の流儀――8

バーニングプロダクション

～周防郁雄社長との出会い～

1987年の夏、僕はパリコレに出るためにパリを訪れました。オーディションが終わってパリコレが始まったとき、事務所のマネージャーの倉谷さんがパリにやってきました。倉谷さんは事務所の将来を考えて、勉強のためにパリコレを見学したいという思いがあったそうなんです。でも、事務所は認めませんでした。「お前は加藤の個人マネージャーじゃない。いちモデルのためにパリまでいくのは言語道断だ」というんですね。

倉谷さんは休暇をとって業務外として行くと言ったそうなんですが、それでもダメだと。

「パリに行ったら、クビにする」

そこまで言われていたのに、きちゃったんですね。

まあ、そんなこんなで帰りは一緒の飛行機になったんですが、途中、給油のために立ち寄ったアラスカでトラブルが発生したんです。着陸するときに「ドーン」と大きな衝撃があったんですが、どうやらそれでエンジンが故障したらしいんですね。それでも給油して一度は飛んだんですが、「あれ、エンジンから煙が出てないか？」って。窓からエンジンを見たら、たしかに煙——あとで聞いたところでは霧状になった燃料——が噴出していたんです。こりゃあ大変だってアラスカに引き返して、緊急着陸しました。

そこからは大変でしたね。今日はもう飛べないので、アラスカに一泊。代替のフライトは翌朝の朝食までに分かるということでしたが、時間になっても何も決まってない。

帰国が遅れるのは確実なので、航空会社が伝言を集めて日本に送ってくれることになりました。でも、乗客のひとりが国際電話で確認したら、伝言がまったく伝わっていない。それで不安になったんでしょう。

「日本では俺たちが消えたことになっているぞ！　このまま何かあったら不慮の事故としてもみ消されてしまう。日本のマスコミに連絡して公表すべきだ！」

そんなことを言い出す人もいて、大騒ぎです（笑）。

ようやく帰国の便が出たのは、アラスカで足止めにあってから3日目のこと。なんでも機体を整備する提携会社がストライキに入ったらしく、航空会社の本国からエンジンを取り寄せたために時間がかかったと。まあ、これはあくまで僕が聞いた話ですけれど。

そうしてアラスカを出発し、早朝のソウルに到着。ここで日本に飛ぶ飛行機に乗り換えるのですが、夜にならないと飛ばないということで、ソウルの市内観光に連れ出されました。翌年にオリンピックを控えていたソウルは開発の真っ只中で、街並みもそう日本とは変わらない。ただ、当時の韓国は夜間外出禁止令が出ていて、22時以降の外出が制限されていました。そのせいなのか、街には独特な緊張感が感じられましたね。

ソウルで帰国便が振り分けられて、ようやく日本に戻ってきたのが3日遅れの夜中です。帰ったら帰ったで、また大変でした。事務所は倉谷さんをやっぱりクビにするという。僕は撤回してもらうために直談判に行きましたが、「決まりだから」の一点張りで譲りません。「それなら仕方ないか」と思って、僕も一緒に事務所を辞めました。振り返るとずいぶん思い切ったことをしたものですが、若かったので勢いがあったんでしょう。

それで事務所を辞めた後、倉谷さんと話をしたんです。

「これからどうする？」

「モデルは一生の仕事にはできないから、俳優をやってみたいな」

「事務所はどうする？」

「最高峰のパリコレに出たんだから、ダメもとで事務所も一番のところにチャレンジしてみよう。日本の芸能界で一番すごい人って誰かな？」

「やっぱりバーニングプロダクションの周防郁雄《すほういくお》社長じゃない？　たしか、知り合いにバーニングの系列事務所に勤めている人がいたから連絡をとってみるよ」

そうしてお会いしたのが、ビッグアップルの社長・山中則男さんでした。山中さんは中山美穂さんをスカウトしたことでも知られる方です。

山中さんに「周防社長に会えないでしょうか」と相談をしたら、話をしてくださって、10月に会っていただけることになったんです。今から考えれば、若いというか無謀というか、とんでもない行動をとったものだと思いますね。

バーニングプロダクションには社長室がないんです。事務所のドアを開けたら、ほかの社員がいるところにソファーがポンと置かれていて、周防社長が座っていました。

「僕は歌はできません、役者になりたいんです。いずれはハリウッドにも挑戦したいと思っています」

僕は周防社長の前に座って、精一杯、夢を語りました。社長はひとしきり僕の話を聞くと「うん、わかった」と言いました。それがOKの合図だったんですね。

マネージャーもいるんですと言ったら「系列のビッグアップルに入れて、一緒にやればいい」と勧めてくださった。これがいまの事務所に入るきっかけです。

面接を終えて、赤坂のTBSの近くの坂を歩いていたら、村上里佳子（現・RIKACO）ちゃんに会いました。「バーニングプロダクションに入ることになった」というと、「ウソ、スゴイじゃん。良かったね」って驚いていました。

バーニングプロダクションはもともと歌手が所属する音楽事務所です。なぜ歌をうたわない僕を入れてくれたのか、長年不思議に思っていました。

最近、山中さんにお会いしたとき、理由をそれとなく聞いてみたんです。そうしたら、僕が相談をする少し前に、周防社長が「若い男の子をマネジメントしてみたいな」とポツンと仰ったのを、たまたま聞いていたそうなんです。それで僕が出ている『メンズノンノ』を持って行ったら、会ってくれることになったというんですね。

いまでこそ『メンズノンノ』は俳優への登龍門になっていますが、当時はモデル出身の俳優はそれほど多くなかったんです。モデルと俳優は別物という見方があって、僕らの世代よりも前のモデル出身の役者さんは本当に苦労されていました。でも、周防社長は新しい時代の到来を見抜いていたんですね。実際、僕とほぼ同じ時期に阿部寛くんや風間トオルくんらが俳優デビューしましたし、その後も田辺誠一くんなど『メンズノンノ』を足がかりに役者の道に進む人が続いています。時代の転換期だったといえばそうなのかもしれませんが、そういうものを見抜く周防社長の嗅覚というか、先見性には驚かされます。

世の中がそういう流れになってきたときに、たまたま僕がいた。事務所の移籍に関しては、本当に運とタイミングが良かったという他はないですね。

「宝くじ、買えば当たるかもしれない」

【第二章】

DAY 2

取材2日目

僕の流儀――9

クレイジーボーイズ

～重要なのはカメラの中のリアリティ～

僕が俳優として世に出たのは『マリリンに逢いたい』（１９８８年公開、すずきじゅんいち監督）ですが、それよりも先に撮影していた作品があるんです。

１９８７年10月の半ばくらいに現在の事務所（バーニング・プロダクション）に入ってすぐ映画の話がありました。オーディションに合格して、撮影が始まったのは12月。それが幻のデビュー作、『クレイジーボーイズ』です。

原作は『塀の中の懲りない少年たち』という小説。当時、松竹で『塀の中の懲りない面々』がヒットしていたので、その少年版を作ろうやとなったんです。

少年院で知り合った不良少年たちの青春劇で、僕は主人公の「フケのガン」を演じました。共演者には、僕がアニイと呼んでいる小沢仁志さん、坂上忍くん、長江健次くん、山口祥行《よしゆき》くんなどがいました。

僕はそれまでモデルしかやってこなかったので、演技の経験はゼロ。周りは全員本職の役者ばかりですから、撮影に入る前は、正直、ものすごく不安でした。

それでも、なんとか仕事を全うできたわけですが、それは僕に力があったからではないんです。監督をはじめとするスタッフや共演者が、寄ってたかって僕を主人公に見えるようにしてくれたというだけだったんですね。

この映画で印象に残っているのは、関本郁夫《せきもといくお》監督の演技指導です。

映画のファーストカットは、中古車を自動車販売所から盗むシーン。僕がコソコソと車の間を縫うようにして歩いてきたら、「そんなんじゃダメだ」と止められました。それでまた別の歩き方をしてみたら「それもダメ」だという。何度かNGを繰り返したら、関本監督がしびれを切らしてこうおっしゃったんです。

「他の脇のやつらはコソコソってやってるけど、お前さんはまっすぐ歩くんだよ。堂々と『これ行こうぜ（盗ろうぜ）！』って。これが主役の芝居なんだよ！」

演技のリアリティという意味では違う意見があるかもしれません。でも、その方が主役らしく見えるというんですね。菅原文太さんや高倉健さんもドンと構えているんだよ、ともおっしゃっていました。東映出身の監督ならではの考え方ですよね。

お世話になったといえば、この映画でカメラマンを務められた長沼六男《ながぬまむつお》さんの存在も忘れられません。長沼さんは、山田洋次監督のカメラマンを長くやられている方なんですが、ロケバスの中でこんなことを言われたんです。

「加藤ちゃんはさ、どう動くか分かんないから、クローズアップなんてのは撮れないんだ。大体ミディアムショットで撮っといて、どんなふうに動いてもフォローできるようにしたんだよ。いいか、ちゃんと勉強しとくんだぞ」

僕は経験がなかったので、カメラに写る範囲すらよく分かっていなかったんですね。長沼さんはそんな僕に、カメラの中で表現する重要性とカメラの中のリアリティの大切さを教えてくださったんです。おふたりの教えもあって、その後に撮影した『マリリンに逢いたい』では、ある程度、カメラに対する演技ができたと思います。

その後も、１９９５年にアメリカに拠点を移すまでの間に、僕は運よく作品に恵まれました。１９８８年には『帝都大戦』にも出演。その後も『２２６』『君は僕をスキになる』『青春家族』（1989年）、『マドンナのごとく』『激動の1750日』『ふうせん』（1990年）、『野獣都市　天使の囁き』『王手』『よるべなき男の仕事・殺し』（1991年）、『落陽』『外科室』『ジュニア・愛の関係』（1992年）、『シンガポールスリング』『クライムブローカー　仮面の誘惑』（1993年）、『セブンスフロア』（1994年）、『クライング・フリーマン』（1996年）と出演作が続きました。

その間、撮影現場が学校という感じで、演技の勉強はほぼやりませんでした。でも、それではダメだったんですね。本格的に演技を学んでいないことは、ずっとコンプレックスでした。張子《はりこ》の虎《とら》ではないですが、自分に実力がないことを常に感じていたんです。だから、いつかどこかで勉強をしなければならないと思っていました。そしてその思いが、後の渡米につながるわけです。

「何事も基礎を勉強する必要がある」

僕の流儀――10

幻のゴールデン・サムライ

〜サムライ版インディ・ジョーンズの顛末〜

1991年の冬、大きな仕事が舞い込んできました。
『ゴールデン・サムライ』というアメリカ映画の主演の仕事です。ときは明治時代初頭、天皇即位を祝って、イギリスのヴィクトリア女王からゴールドが贈られることになりました。僕が演じるサムライ（役名：トラ）は、祝いの品を受け取りに行くためにイギリス船に乗り込みます。しかし、喜望峰の辺りで日本側とイギリス船員との間で大乱闘が勃発。僕は騒動の責任をとらされ、船から追放されてしまうのです。そうして流れ着いたのは、屈強なズールー族が治める南アフリカでした。そこで僕はズールーの戦士に助けられ、仲間に加えてもらいます。そんなとき、ズールー族とイギリス人との間で争いが起き、ズールー族がイギリス人貴族の娘を誘拐してきます。

　僕は船で英語を少し覚えていたので、誘拐されてきた娘に話しかけました。すると、それを見ていたズールー族が、僕がイギリスのスパイだと誤解し、命を狙うようになります。

　僕は娘を救うために刀を取り、ズールー族と戦います。そしてズールー族の戦士との決闘を制して娘を助け出すと、イギリスに向かい、ゴールドを日本に持ち帰るんです。最後はそれから数年後、スーツ姿のサムライが天皇の親書を携えてイギリスにやってきた、という新聞記事をその娘が読んで「ああ、あの人だ」というところで終わるんですね。まあ、分かりやすく言うと、サムライ版インディ・ジョーンズみたいな作品です。

　監督は『キングコング』（１９７８年版）、『タワーリング・インフェルノ』のジョン・ギラーミン。貴族の娘は『セント・オブ・ウーマン／夢の香り』のガブリエル・アンウォー。船長は『モナリザ』でカンヌ国際映画祭男優賞を受賞したボブ・ホプキンス、ズールー族の戦士はアイス・キューブが演じるという話もありました。また、将軍役として三船敏郎さんが出演、監督や三船さんたちと一緒に日本で制作発表の記者会見もやりました。

　会見の後から、僕は撮影に備えて英語と殺陣《たて》を猛特訓しました。

しかし、オープニングを撮ったところで、映画自体が中止になってしまったんです。原因は1992年4月に発生したロサンゼルス暴動です。その余波がハリウッドに及び、多くの作品の撮影スケジュールが大幅に狂ったんですね。『ゴールデン・サムライ』は『ロビン・フッド』のダグラス・ミルサムというカメラマンが撮ることになっていたんですが、その影響で参加できなくなった。当初は撮影を延期するという話だったんですが、結局再開の目途が立たず、映画そのものが消滅してしまったんです。

海外のショービジネスでは、こういうことはしょっちゅうあります。

ビジネスだから、お金にならないと判断したら平気でストップするんです。

たとえば、予算10億円の映画を作るというプロジェクトがあったとします。1億円を使って脚本やロケハン、セットの準備などをしていたら、どうやらこの映画がうまくいかないかもしれない、ということが分かってしまった。そうしたら、アメリカの場合は映画の制作自体を止めてしまうことがあります。準備に使った1億円は失いますが、残りの9億円の損失は防ぐことができた、という考えですね。

そうした判断ができるのは、保険の存在も大きいと思いますね。向こうの映画には、たいてい保険がかけられています。ロス暴動などは保障の対象になるでしょうから、プロジェクトを延期して損失が出ると思えば、打ち切るという判断ができるんでしょう。

同じようなことは、イギリスでもありました。『マン・フロム・ジャパン』というイギリス映画の主役を勝ち取ったんです。日本人外交官とイギリスのパンク娘の恋愛もので、ロンドンまで行って相手役の女の子のオーディションにも立ち会いました。でも、ユーロとドルの交換レートが大幅に変わった影響で、投資家が資金を引き上げて映画自体がポシャってしまいました。

もっと酷いこともありましたよ。『リープ・オブ・ラブ』というシンガポール映画に主演することになったんです。監督は『ウーマン・オン・トップ』のフィナ・トレスさんと聞いていました。日本人男性と現地の我がまま娘との恋愛映画でしたが、ロケ地に出発する2日前になって突然、一方的にキャンセルされたんです。2日前ですよ。もうセリフも覚えていたし、旅支度も終えていたので、さすがに「なんだ、これ?」となりましたよ。

聞いた話では、その映画のプロデューサーがタイの映画祭に行ったらしいんです。そこで今度、こんな映画を撮るんだよなんて話をしていたら、「タイの役者を使うなら、1億円出資してやる」なんてことをいう人が現れたらしいんですね。で、そのプロデューサーは僕を切って主役をタイ人に代えたと……。「はあ?」という感じですよね。でも、その時点では僕はまだ契約書を結んでいなかったから、どうしようもないわけです。

ちなみに『リープ・オブ・ラブ』は監督も降りたそうです。急に日本人からタイ人に変わるなんて、簡単に受け入れられないというのが理由だったそうです。

ショービジネスの世界では、一度決まった話が思いもよらない理由で反故にされることがよくあります。でも、そこで立ち止まって悩んだり、ぐちを言っても始まらない。もう決まったことだと、気持ちを切り替えて次に進んでいくしかないんです。

ちなみに、そのシンガポールの映画ですが、それから数年経って完成したみたいです。

僕がイ・ジェハン監督の『サヨナライツカ』（２０１０年）の撮影でタイに滞在しているとき、街にその映画のポスターが貼られているのを見ましたから。

どんな映画になったんでしょうか。興味がありますね。

「映画はショービジネス、世界の経済や情報とリンクしている」

僕の流儀――11

クライムブローカー

〜僕の運命を変えた〝ピンチヒッター〟〜

どんな人にも「あの瞬間があったから、いまがある」という運命の巡り合わせがあると思います。僕にとってそれはイアン・バリー監督の『クライムブローカー／仮面の誘惑』（1993年）という映画でした。

『クライムブローカー』は東映とイギリスの制作会社の合作で、オーストラリアで撮影し、東映からは「Vワールド」の第一弾として世に出されました。

共演は『ブリット』『映画に愛をこめて　アメリカの夜』『ザ・ディープ』のジャクリーン・ビセット。彼女が演じたのは、裁判官でありながら裏で犯罪計画を売る犯罪仲介人。

僕はそんな彼女の正体を見抜いて近づいていく、謎の犯罪学者を演じました。

実は、当初、僕はこの映画に出る予定はなかったんです。

犯罪学者の役は別の40代の俳優さんがやることになっていたんですが、クランクインの2週間前になって降板されたんです。そこで急遽、僕に白羽の矢が立ったんですが、『ゴールデン・サムライ』が延期になってスケジュールが空いていたし、英語も勉強していたのでちょうど良かったんです。

ただ、出演するにあたって、プロデューサーからひとつ条件を出されました。

「ジャクリーンに年齢を聞かれたら、35歳と答えること」

ジャクリーンは当時40代、僕は20代でした。同年代の役者でないとジャクリーンが自分が老けて見えるから嫌がるというんですね（笑）。でも、そんなことを言われても急に年はとれませんから、少しでも老けて見えるようにヒゲを生やして撮影に臨みました。

でも、心配する必要はまったくなかったですね。

ジャクリーンはとにかくいい人だったんです。一世を風靡したスターなのに、まったく偉ぶるところがない。撮影地のオーストラリアにもひとりでやってきて、「『クロコダイル・ダンディー』を観てきたから、オーストラリアにはホテルがないと思っていたわ」なんて言うくらい、素直でチャーミング。僕が英語で苦労していると、いつも優しくサポートしてくれました。

撮影中、僕が突然、バランスを崩して立てなくなったことがあるんです。病院で診てもらったらストレスが原因じゃないかと言われました。それで現場に戻ってきたら、何に効くのかは分からないけれど、ジャクリーンが僕の足の裏をマッサージしてくれるんです。大女優にそんなことをさせるなんて申しわけなくて、「いいよ、いいよ」と足を引っ込めましたけど（笑）。

この映画は、僕にとって全編英語で撮影した初めての作品になりました。日本と違うなと思ったのが、コミュニケーションの密度です。監督にしろ、俳優にしろ、とにかく話をしたがるんですね。相手がどういう人間で、どんなことを考えて演じているのか、会話をすることで知ろうとするんです。監督やスタッフたちと一緒に台本の解釈を巡って会議をするんですが、話している内容のうちでわかったのは50パーセントくらい。ついていくのに必死でした。

オーストラリアには、撮影のために5週間くらい滞在しました。

1週間前にオファーをもらって、その間、必死に台本を覚えてオーストラリア入り。それから1週間くらいかけてリハーサルをして、3週間くらいで本編を撮り終わります。監督からは「とにかく自分の思うようにやってくれ。セリフが不明瞭でも気にするな。後でアフレコで入れるから」と言われました。実際、撮影が終わったあと、1週間くらいかけてセリフを入れ直しました。

この映画に出たことが、後にハリウッドへとつながるんですから面白いですよね。

評判が良かったので、翌年、また同じ監督とオーストラリアで『セブンスフロア』という映画を撮りました。共演は『青い珊瑚礁』などで知られるブルック・シールズ。オーストラリアではその間にもう一本、歌手の徳永英明さん原案の『シンガポールスリング』という映画も撮っています。当時はなぜかオーストラリアづいていたんですね。

『セブンスフロア』の撮影から帰国した頃、映画監督のクリストフ・ガンズが『トゥルー・ロマンス』を世界的にヒットさせてイケイケだった、プロデューサーのサミュエル・ハディダとオーディションのために日本にきていました。

彼らが制作する映画『クライング・フリーマン』（1996年）は、日本の漫画が原作。裏社会で〝クライング・フリーマン〟として恐れられているヒットマンの活躍を描くアクション映画です。日本が舞台の映画なので、登場人物も日本人が多い。そこで日本で俳優のオーディションをやることになったんです。

僕はそのオーディションには呼ばれていなかったんですが、セントラル・アーツのプロデューサー、黒澤満さんが「こういう俳優もいるよ」と、2人に『クライムブローカー』のビデオテープを渡してくださったんです。

そして夜、ホテルの部屋でビデオを観てピンときたそうで、翌朝、サミュエルが事務所に連絡をくれ、会うことになりました。2人は僕にフリーマンの相棒であるコーをやってほしいと言ってくれました。主役のフリーマンは、『スピード』のキアヌ・リーブスを考えていると。

でも、キアヌは当時『リトル・ブッダ』の撮影でガリガリに痩せていた。体を作り直すには時間がかかりすぎるということで、次に候補になったのが、『ドラゴン／ブルース・リー物語』でブルース・リーを演じたジェイソン・スコット・リーでした。しかし、彼は『ジャングル・ブック』の撮影でジャングルにいたので連絡がなかなかつかない。そうして最終的に決まったのが、ハワイ出身のアクション俳優、マーク・ダカスコスでした。

マークには日本人の血が入っているので、フリーマンを演じるのはうってつけでした。でも、ひとつ問題があったんです。彼は僕より背が低かったんですね。相棒のコーがフリーマンよりも大きいのはダメだ、ということになって、僕はコーの役を降ろされてしまったんです。

そのとき、クリストフが「お前のイメージとは違うけど、やってみないか」と別の役を提案してくれました。それが、フリーマンと敵対するヤクザの幹部・花田竜二でした。

作中の竜二は極めて残忍で凶暴なキャラクター。平気で銃をぶっ放し、日本刀を振り回す危ない男です。それまで僕は不良少年を演じた経験はありましたが、本格的な悪役を演じるのは初めて。でも、抵抗感は不思議となかったですね。僕は毎回違うタイプの役を演じたかったので、むしろ本格的なワルの役がきて嬉しかったくらいです。

ロスに入ったとき、サミーともうひとり相棒のプロデューサーがいて、3人で食事をしました。その日は完全にオフだったので、白いTシャツに、髪を下ろして、ラフな格好でレストランに行きました。

後で知ったんですが、その相棒のプロデューサーが僕を見て慌てたらしいんですね。「アイツに花田竜二ができるのか？」って。そのときの僕の雰囲気が花田とかけ離れていたので、不安になったそうなんです。

その後、撮影に入ってスケジュールの半分ほど進んだ頃だったでしょうか。サミーとその相棒のプロデューサーにセット裏に呼ばれたんです。

「ラッシュ（※編集前の映像素材）がよくなかったのかな……」

そんなことを思っていたら、その相棒のプロデューサーが「謝らせてほしい」と言ってきたんです。

「ロスで会ったとき、こんな坊やに花田が演じられるわけがないと思っていた。でも、ラッシュを観たら驚いたよ。まったくのサプライズだった。でも、あなたにひとつ言うことがある。これから必要になるのは英語だ。だから英語をもっと勉強しなさい」

そんなことを言ってくれたんですね。

そうやって完成した『クライング・フリーマン』が、僕に思わぬ道を拓いてくれました。

映画『セブン』を大ヒットさせたフィリス・カーライルというプロデューサーがいます。彼女はウィレム・デフォーやアンディ・ガルシア、ピアース・ブロスナン、ジョン・マルコヴィッチ、シェリリン・フェンといった俳優のマネージメントもしていたんですが、『クライング・フリーマン』の試写を観て、「ハリウッドにこないか」と僕を誘ってくれたんです。

そうして僕はアメリカで挑戦することになるわけですが、『クライムブローカー』に出ていなかったらどうなっていたか分からないですね。ハリウッドにはいつかは挑戦したいと考えていましたが、これほど早く実現することになるとは思っていませんでした。

『ゴールデン・サムライ』が消滅したのはたしかに残念だったけれど、出られなかったからこそ拓けた道があったのかもしれない。また、もし僕がフリーマンの相棒のコーを演じていたら、フィリスから声がかかっていたかどうか……。

人生って分からないものですね。


「捨てる神あれば、拾う神あり。

結果オーライです」

僕の流儀――12

スピーク・ラーク

〜映画レベルのCM撮影、その驚くべき舞台裏〜

オーストラリアで『シンガポールスリング』を撮影していたときのことです。この映画は、歌手の徳永英明さんが原案で、監督は若松孝二さん。原田芳雄さんと初めて共演した作品でした。その撮影中にCMの話がきたんです。

「LARKのCMです」

「え⁉ LARKってアレやろ。ジェームズ・コバーンやロジャー・ムーア、ピアース・ブロスナン、トム・ベレンジャー、ミッキー・ロークがやった、あのコマーシャル?」

「そうなんです。今回は『ストリート・オブ・ファイヤー』のマイケル・パレとあなたで。

やりますか？」

「もちろん、やるに決まっているでしょ！」

正直、驚きましたね。「なんで僕なの⁉」って思うじゃないですか。

理由を知りたかったから、フィリップモリス社の担当者に聞いたんです。彼らは「今後はアジアの売上を伸ばしたいからだ」と言っていましたが、アメリカではタバコのＣＭが流せなくなったことも大きな理由だったかもしれません。また、その頃、フィリップモリス社の社長がインド系の方に交代していたので、その影響もあったようです。

これはラッキーだと思いましたね。ＬＡＲＫのＣＭは、映画館で上映前に流れていたので、よく観ていたんですよ。

「００７」がモチーフになっていて、15秒から1分くらいまで何パターンかあるんですがとにかく豪華で映画のようなんです。あのＣＭに出られるのか、と嬉しかったですね。

決まってからすぐにアメリカに飛びました。監督の候補が何人かいるというので、僕も会うことになったんです。その候補というのが、これまたすごかったんです。

『セブン』や『ファイト・クラブ』のデヴィッド・フィンチャー、『リーサル・ウェポン』のリチャード・ドナー、『暴走機関車』のアンドレイ・コンチャロフスキー……。みなさん、

CMのプランを作ってきていて、スタッフに模型を動かさせたりしてプレゼンしてくれるんです。

で、最終的に決まったのが、アンドレイ・コンチャロフスキー。僕としてはデヴィッド・フィンチャーやリチャード・ドナーとやりたい気持ちもありましたけど（笑）。コンチャロフスキー監督も名監督ですからね。

撮影スタッフもまた一流揃いでした。撮影監督はジェフリー・キンボールという『トップガン』『ビバリーヒルズ・コップ2』『ミッション・インポッシブル2』を撮った方で、美術は『ダイ・ハード』のスタッフが集結するという、豪華な陣容です。

CMは2パターン作りました。ひとつは僕とマイケル・パレが悪者をバイクで追跡して、危険物を回収するというもの。もうひとつは僕とマイケル・パレがハイウェイを疾走して戦闘機から逃げるというものです。

撮影は、アメリカの建設中のハイウェイでやりました。ひとつ目のCMの中に、マイケルが乗ったサイドカーが僕の運転するバイクから切り離されて宙を飛び、マイケルが悪者の車に飛び移るシーンがあるんです。そんなシーン、どうやって撮るのかなと思っていたら、すべて滑車とワイヤーでつなげていました。ずいぶん大がかりなことをするなと驚きましたが、その方がつながっていて安全だし、何度でも同じタイミングで撮り直せるから合理的だというんですね。「ああ、なるほど」と感心しました。

バイクで走行するシーンでは、ハイウェイにライトを並べてパパパッと点滅させながら撮影していました。何のための明かりだろうと思っていたら、「ライトを点滅させると、スピード感が増して撮れるんだよ」と撮影監督のジェフリーが教えてくれました。

驚いたといえば、スチール撮影もすごかったですね。ポスターのためにスチール写真を撮ったんですが、撮影地のロスからタバコ会社の本社があるシカゴまで、撮影したデータを一瞬で送っていたんです。当時はまだパソコンやEメールは一般的ではなかったので、どうやってそんなに早くデータを送っているのか不思議でした。

そうしたら翌日、本社からダメ出しがあったんです。イメージと違うからすべて撮り直せというんですよ。何が気に入らなかったのかは分からないんですが、またスタジオを押さえて、カメラマンを変更してイチから撮影のやり直しです。スタジオ代にカメラマン代、そして僕やマイケルへの割り増しの出演料……いったい撮り直すのにいくらかかったのか。でも、世界的なタバコ会社のキャンペーンですから、投じられる予算も莫大です。撮り直しにかかる費用くらいなんてことないんでしょう。

まさにハリウッド映画のような規模のＣＭ撮影でしたが、それに輪をかけてすごかったのが、ホテルと撮影現場の間の送迎ですね。朝、泊まっているホテルまで迎えの車がくるんですが、それが車体の長いストレッチのリムジンなんですよ。用意してくれたホテルも一流だし、やっぱり世界的な企業はすごいな、なんて思っていたら良いことばかりじゃないんですね。

日曜日の朝6時半くらいに部屋を出て、撮影を終えて戻ってきたのが16時か17時でした。部屋の前でキーを差し込んだんですが、なぜか開かないんですね。どうしてだろうとフロントにいくと、ホテルのセキュリティ責任者が「これはあなたのものですか？」と袋を渡してきたんです。

中を見ると、服がぎゅうぎゅうに詰まっている。たしかに僕の服です。

「袋に詰められてホテルのゴミ置き場に捨てられていました。それで念のために部屋の鍵を変えました。他になくなっているものがないか、部屋の中を確認してください」

部屋に入って荷物を確認しました。幸い貴重品は無事でしたが、気に入っていたコートが1着なくなっています。僕のいない間に、誰かが部屋に入って服を持っていったことは明らかです。犯人は捨てた服から1枚くらい抜いてもわからないと考えたのか。いやむしろ、コートを盗んだことを隠すために、他の服を全部捨てた可能性もあります。

そのことをセキュリティの責任者に告げると、彼はコート代として5万円だけ補償すると言いました。

そこでちょっと待ってくれ、となったんですね。

ゴミ置き場にあった服が、どうして僕のものと分かったのか。部屋番号を書いて捨てられていたわけじゃないので、普通ならどの部屋から出たゴミかは分からないはず。僕のものだと分かったということは、セキュリティの責任者は誰かが僕の部屋から服を持ち出して捨てた、という事実や証拠を握っているのではと思ったんです。

そのあたりを問い詰めると、セキュリティの責任者は、僕が部屋を出た後、不審な人物が僕の部屋の前をうろついているのを確認したといいました。でも、外部の人間は簡単に鍵のかかった客室に出入りできません。合鍵を使えるホテルのスタッフの中に犯人がいるか、もしくは犯人を手引きした人物がいると考える方が自然です。

結局、ＣＭ制作会社の重役が抗議してくれたこともあって、盗まれたコート代は全額弁償してもらえることになりました。ホテル側は当初渋っていたそうですが、「コート代を全額弁償しないと、会社とホテルの間の年間契約を打ち切る」と言ったら全額払ってくれることになったんです。そりゃそうですよね。コート代の数十万円と年間契約の数千万円では桁が違いますから（笑）。

でも、この出来事を制作会社のスタッフに話したら、「それはお前にも非があるな」といわれました。

「ロスでは金持ちはストレッチリムジンなんて乗らないぞ。あれは映画祭など、特別なイベントのときにだけ乗るものだ。普段はみんな普通の自動車に乗っている。リムジンなんて乗っていたら、私はお金を持っています、どうぞ襲ってくださいとアピールしているようなもんじゃないか」

ストレッチリムジンを用意したのは、制作会社の方でしたけど（笑）。その日以来、僕はリムジンを普通サイズの車に変えてもらいました。

日本は平和な国ですが、ずっと日本で暮らしているとそれが当たり前だと思ってしまいます。でも、日本は特殊で、海外に行ったら日本の安全基準で物事を考えてはいけないんですね。

日本では当たり前にやっていることの中には、海外に出ると危険につながることがたくさんあります。夜に街を出歩かない。夜中にＡＴＭでお金はおろさない。コンビニでは高額紙幣は使わない。人目があるところでお金を数えたりしない。海外に出たら、スイッチを切り替える。そのことの重要性を学んだ、アメリカのホテルでの一件でした。

ちなみに、このＬＡＲＫのＣＭですが、本当は僕とマイケルでシリーズ化される予定でした。

実際、撮影でロスに行ったとき、次のＣＭの構想を見せてもらいました。敵に追われた僕がビルから飛び降りて、女性の後ろ姿が描かれた巨大なタペストリーにナイフを突き立てる。すると、女性のドレスのジッパーを下ろすようにタペストリーが裂けていく、という内容でした。実現していたら、どんなＣＭになっていたんでしょう。ＬＡＲＫのＣＭには、その後、高倉健さんも出演されています。

「安全の国、日本。日本の常識は世界の非常識」

僕の流儀――13

コントラクト

～加算法のアメリカ、減点法の日本～


LARKのCMの撮影が終わったときのことです。

共演したマイケル・パレが撮影に使った衣装を持って帰ろうとしていました。それも1着や2着じゃなく、上下合わせて30、40着ぐらいもらっていこうとしているんです。

「え、服ってもらっていいの？」

そんな話、全然聞いていなかったので、びっくりしました。

でも、後で聞いたらマイケルの場合、そう契約で決まっていたんですね。

どういうことかというと、契約書に「必要なら撮影で使った衣装はすべてもらえる」と書いてあったんです。そんな条件を出せるのかと不思議に思いましたが、アメリカではある程度のポジションになると、契約書にそういうことを盛り込むことができるんです。

アメリカの契約書には、必要最低限のことしか書かれていません。そこに書かれていないことは、交渉して要求します。

たとえば、撮影中に一度は日本に帰りたいから往復のチケットを用意してほしいとか、撮影地に恋人や家族、友人を呼びたいから手配してほしいとか、毎日ブルーマウンテンを淹れてくれとか、トマトジュースを部屋の冷蔵庫に入れておけとか、ジャズのCDを撮影用のトレーラーに揃えてくれとか、毎朝味噌汁を飲みたいので作ってほしいとか、「そんなことまで⁉」ということを逐一決めていくんです。アメリカでは、契約書に書かれていることはする義務があり、書かれていないことはする義務がない。だから、細かく決めるんですね。

もちろん、それが通るかどうかは、その人の力量次第です。

そんなの無理だと拒否されることもあるし、その人にどうしても出演してほしいなら多少の無茶な要求を呑むことだってある。

僕の聞いた話では、アメリカのある有名なアクション俳優は、恋人の同伴を認めさせるだけでなく、その恋人が滞在中に通うエステやネイルサロンの代金まで制作サイドに負担させる契約をしたそうです。億単位の出演料をもらうのだから、そのくらい自分で払えよと言いたくもなりますが、制作サイドからすれば、その程度の出費でスターが気分よく仕事をしてくれれば御の字なわけです。日本ではどうかって？　いや、そんな要求をしたら「はい、さようなら」ですね（笑）。

そもそも、日本では契約書に書かれていることがすべて。交渉の際も何かを付け加えるというよりは、契約書の文言から問題になりそうなものを削除したり、変更してもらったりすることの方が多いと思います。一方のアメリカは加点法なんですね。契約書をベースに、ほしいものをどんどん交渉して加えていく。減点法の日本とはかなり違いますよね。

それからアメリカと日本の違いをあげると、家からロケ現場に通えないときはパーディアムが支給されるんです。パーディアムは「滞在費」と訳せるでしょうか。ホテルのルームサービスだとか、洗濯の費用などをその中でやりくりするんです。

これも日本にはない慣習ですね。日本の場合は地方ロケに行っても、基本的に滞在費が支給されることはないですから。

ただし、その代わり、向こうでは基本的に一切接待はしません。お金は払うのであとは自分で好きなようにやってくださいということなんです。

そうそう、余談ですが、もらえるといえばこんなこともありました。

後年、香港の映画祭に出たときの話です。その映画祭は、あるサングラスメーカーがスポンサーに付いていて、商品PRのために参加した俳優たちにサングラスをかけてもらって、それをマスコミが撮影するというブースがあったんです。

ブースの裏にはサングラスが何十本も並べられていて、そこから1本選んでかけて出るんですが、メーカーの人が「お好きなものを持って帰ってください」と言うんですね。僕は「そうですか、じゃあ」という感じで5本くらい選んだんですが、あとからきた香港のある俳優を見て驚きました。全種類ゴソッと持っていったんです。

さすがに僕にはそれはできなかったですね。本当は僕だって欲しかったけど（笑）。

「知識のない者は損をする」

僕の流儀――14

ハリウッド

～僕を待ち受けていた夢と現実～

俳優になりたての頃、取材でライバルはいるかと聞かれたことがありました。そのとき、「同世代のトム・クルーズです」と答えたら、失笑されたんです。当時は日本人俳優がハリウッドで活躍するのは不可能だと思われていた。本当に無理なのか、無理ならその理由が知りたいと考えたんですね。俳優になった以上、いつかはハリウッドに挑戦したいとも思っていました。

1995年、僕はプロデューサーのフィリス・カーライルに誘われて、アメリカのロサンゼルスに拠点を移しました。

アメリカに定住して働くには、グリーンカードを取得する必要があります。

実は、その準備はかなり早い段階から始めていました。映画『マリリンに逢いたい』の直後から、僕はことあるごとにロサンゼルスを訪れていました。パリコレのときと同じように、自分の目で見て足で歩き、人と会うことでハリウッドを深く知ろうと考えたんです。

その中で培ってきた人間関係が、グリーンカード取得の際に僕を助けてくれました。僕が希望したビザは申請に際してアメリカのショービジネス界で実績のある著名人の推薦状が必要だったのですが、ロスで知り合った映画監督や俳優たちが率先して推薦状を書いてくれたんです。グリーンカードの取得には1年強かかりましたが、スムーズに取得できたのはアメリカの友人たちのおかげですね。

さて、そうして渡ったハリウッドですが、滑り出しはけっこう順調だったと思います。フィリスは著名なプロデューサーですから、「ニューフェイスが入ったの」と電話を入れれば、映画会社のチーフ・キャスティングディレクターが会ってくれました。その中には、パラマウントやユニバーサル、FOXなど世界的に有名な映画会社もありました。重要な役のオーディションも回ってくるし、フィリスの影響力のすごさを実感しました。

ただ、それも最初だけでした。いまだに経緯が分からないのですが、フィリスの会社が突然なくなったんです。伝え聞くところによると、内紛が起きて会社を解散することになったとか。会社がなくなったということは、僕のマネジメントもそこで終了。フィリスに誘われたからハリウッドにきたということもあったので、僕としては「おいおい、待ってくれよ」という感じでした。

オーディションの案内はマネージャー経由で入ってくるので、とにかくマネジメントしてくれる人を探さないといけません。色々な人に相談した結果、『クライング・フリーマン』で共演したマーク・ダカスコスのマネージャーが面倒を見てくれることになりました。何とかマネジメントの問題はクリアしたわけですが、また別の壁が僕の前に立ちはだかります。それは英語です。

色々なオーディションを受けていくのですが、僕の英語がまったく通用しないんです。日常会話は問題なくこなせているのですが、いざオーディションでセリフを話すと、「何を言っているのか分からない」といわれてしまうんです。

オーディションでは、英語が原因で何度も落とされました。いいところまで行くんですが「英語がダメだから」という理由で役がもらえない。たとえば、人気のゲームが原作の『モータル・コンバット』というTVドラマでは、主要キャストのオーディションでラスト3人まで残りました。でも、最後は「英語がネック」と落とされる。テレビというのはアフレコの時間がないし、そこまでして僕を使う理由がなかったということでしょう。『クロウ2』という映画でも惜しいところまで行きましたが、「英語に不安がある」という理由でダメでした。

オーディションのときは正確に発音することを心掛けていたのに、なぜ「分からない」「変だ」といわれてしまうのか。

悩んでいた僕にヒントをくれたのが、『DRIVE 破壊王』（1997年）の監督、スティーヴ・ワンでした。映画の撮影中、スティーヴ監督にこんなことをいわれたんです。「マサヤ、お前はなぜセリフになると、ロボットみたいになるんだ？　発音なんか気にせず、普段通りに話せばいいじゃないか」

まさに目からウロコでしたね。

僕は自分の発音に問題があると思っていたので、オーディションでは一言一句、間違えないように発音を強調して演技していました。でも、現実にはそんな風にしゃべる人はいないですよね。普通は単語が重なるときは発音が曖昧になったり、変化したりするものです。僕の英語は正確さを追求するあまり、かえって不自然になっていたんです。

「玩物喪志《がんぶつそうし》」という言葉があります。目先のことにとらわれて、本質を見失うといった意味ですが、僕の場合もまさにそういう状況に陥っていたのかもしれません。

演技で重要なのは発音の美しさではなく、その役が何を感じ、考えているのか、観ている側に伝えることです。オーディションでは、英語をキレイに話せる人を探しているわけではない。その役を演じることができる、俳優を探しているんですね。僕は発音を意識するあまり、一番大切なことができていなかったから、結果を残せなかったんです。

それから普段通りを心掛けてオーディションに臨むと、次第に結果が出るようになりました。スティーヴ監督の一言は、僕に大きな気づきを与えてくれましたね。

「細かいことにこだわり、大局を見失ってはならない」

僕の流儀――15

ザルマン・キング

～ハリウッドで闘うプロフェッショナルのすごみ～

俳優という仕事柄、これまでさまざまな分野のプロフェッショナルとお話をする機会がありました。

そうした方と接していて感じるのが、ある分野を極めた人は、みなさん独自のメソッドを持っているということです。それは〝極意〟と言い換えることができるかもしれません。

アメリカにいた頃、ひとりの映画人と知り合いました。

ザルマン・キングというクリエイターです。この名前でピンときた方はかなりの映画通ですね。ミッキー・ロークがスターになった『ナインハーフ』のプロデューサーです。映画監督としても活動していて、『蘭の女』『続・蘭の女　官能のレッドシューズ』『トゥー・ムーン』など、ちょっとエロティックな作品をたくさん作っています。

僕はもともとザルマンの映画が好きでした。映像がかっこよくて、他にはないセンスを感じたんです。それで、『クライムブローカー』で共演したジャクリーン・ビセットがザルマンの『蘭の女』に出演していたので、彼女に紹介してもらったんです。

写真で見ると気難しそうな顔をしていますが、実際のザルマンは奥さん思いの、とても優しい人でした。自宅にも招待してくれて、いつか仕事をしようなんていってくれる。そして実際にオファーもくれたんですね。

最初にきたのは、『ビジネス・フォー・プレジャー』という作品で、謎のショーファー（運転手）の役でした。でも、その頃、ちょうど『DRIVE　破壊王』（1997年公開。マーク・ダカスコスの前に立ちはだかる最強の敵を演じた）というアクション映画の撮影が入っていたので、受けられなかったんです。

ザルマンはその後も懲りずにオファーをくれて、初仕事は『ウーマン・オブ・ザ・ナイト』（2000年）という作品でした。このとき、初めて彼のスタジオに行ったんですが、その撮影手法がとにかく驚きの連続だったんです。

作品の予算は1億円。いまの日本からすれば「そんなにあるの?」という感じですが、向こうでは超低予算なんですね。その予算の中で映画を作らないといけないということで、とにかくなんでも工夫で乗り越えるんです。

『ウーマン・オブ・ザ・ナイト』を観ていただくと分かるんですが、色んなシーンが出てきます。でも、実はその8割以上はスタジオの中で撮影しているんです。

たとえば、主人公の女性が森の中を歩いていて、僕が後をつけるというシーン。これはスタジオの片隅にババババーッと植木を並べて、スモークを焚いて霧がかった森の雰囲気を作るんです。で、僕と女性がその前を歩いているところをパシャパシャと写真で撮っていく。ただし、その写真を撮るのはファッション・フォトグラファーです。そうして撮ったスタイリッシュな写真を映像の中で並べて、森の中の場面としてしまうんです。

次は深夜の空港のシーン。さすがにこれは外でやるだろうと思ったら、スタジオに車を入れてバーンってまたスモークを焚くんですね。そうしておいて、空の部分に小さなライトをつけて飛行機が飛んでいるように見せる。あとは飛行機の効果音でも入れておけば、十分だと。たしかに完成したものを観ると、深夜の空港の駐車場に見えるんですね。

ほかにも、クラブのシーンの撮影では、スタジオのある程度の高さのところにネットを張って、大量の風船を飛ばしていました。そうすると天井があるように見えるんです。

パーティーのシーンでは、本番中でカメラが回っているのにザルマンが入ってきて「お前、こっち向け」と俳優を動かしてしまう。そうして「続けて、続けて。どうせ後で編集するんだから」とどんどん撮っていくんです。ザルマンはカットをかけることで、すべてがリセットされることを嫌っていました。俳優のテンションをキープした状態で演技を続けさせる、という演出方法なんですね。

また、ある室内のシーンではシルクスクリーンの後ろに黄色いライトを灯し、また別のカットでは赤いライトを灯していました。そうしておいて望遠で撮ると、壁が黄色く見えたり、赤く見えたりする。「こうすれば同じ部屋で撮っているのに別の部屋に見えるだろう。わざわざロケなんかする必要はないんだよ」とザルマンは言っていました。

極めつけはアクションシーンです。最初はアクション監督がいて、日本と同じように殴った、受けた、刺したというふうに指導してくれたんですが、ザルマンが「これはアクション映画じゃないから、そんなものは必要ない。マサヤは目が魅力的なんだから、目だけでシーンを成立させる」なんて言い出したんです。そんなの、最初から言ってくれりゃあ、練習しなくて済んだのに（笑）。

で、どうやるかというと、目のクローズアップを撮るんですね。それで目だけで演技して、編集で効果音をつけて敵役が倒れてるところでポンと引けば、それでもう立派なアクションシーンになってしまう。目だけでアクションシーンをやったのは、後にも先にもこのときだけでした。

このアクションシーンのラスト、ザルマンから「マサヤ、シンク！」と指示が飛んだんです。「シンク？　Think（考える）か。でも、なぜこの場面で考えるんだ？」と迷っていたら、ザルマンが笑い出しました。

「マサヤ、ダウン、ダウン！」

僕がヘナヘナとしゃがみこんだら、「カット！」といって頭を抱えていました。ザルマンが言っていたのは、「Think」じゃなくて「sink（沈む）」だったんですね。やっぱり英語力って大事だなと思いましたね（笑）。

ハリウッドというと、とにかくお金をかけるイメージがある。でも、実際には、ザルマンのようにお金をかけずとも撮る手段を持っているんですね。僕はその工夫を見るのが面白くて、自分の撮影がないときもずっとザルマンのスタジオにいて、ひたすら撮影を見学していました。

ザルマンとはその後も、テレビドラマ『ウィンド・オン・ザ・ウォーター』などで一緒になりました。ある年には自宅で開かれたクリスマスパーティーに呼んでくれて、行ったらマーティン・シーンとチャーリー・シーン、エミリオ・エステベスの親子3人がいて、ザルマンと親しげに話しているなんて場面も目撃しました。

「このスリーショットはすごすぎる！」

とさすがに驚きましたね（笑）。

ザルマンは2012年に69歳で亡くなりました。

僕に映画制作の楽しさを教えてくれたザルマン。

まちがいなく彼は、アメリカ生活における恩人のひとりですね。

「金がなければ、知恵を出せ」

僕の流儀――16

炎のテキサス・レンジャー

～大遅刻で気づいたオーディションの秘訣～

１９９３年に放送が開始された『ウォーカー・テキサス・レンジャー』というアメリカのドラマをご存知でしょうか。日本でも『炎のテキサス・レンジャー』の番組名で放送されたので、ご覧になった方がいるかもしれません。

主演は『ドラゴンへの道』でブルース・リーとコロッセオで闘ったアクション俳優のチャック・ノリス。彼演じるテキサス・レンジャーのウォーカーが、相棒のジミーらとともに事件を解決していくというポリスアクションです。アメリカでは人気で、シーズン８まで続きました。『あぶない刑事』のアメリカ版といえば分かりやすいでしょうか。

1998年、僕はそのドラマのゲストのオーディションを受けることになりました。ところが、当日、オーディションに出かけようとしたら、鍵を部屋の中に置いたまま、うっかりドアをロックしてしまったんです。ドアはオートロック式なので、一度閉めたら鍵がないと開けられない。車のキーは家の鍵と一緒にしていたので、このままだと出かけようにも出かけられません。

慌ててマネージャーに電話をすると、「先方には伝えておくから、鍵屋に開けてもらえ」という。そこで鍵屋を手配したんですが、開いた時にはオーディションのコールタイム（呼び出し時間）を30分も過ぎていました。マネージャーは「行くだけ、行ってみろ！」と言いますが、この時点でテンションはガタ落ちです。普段ならセリフを練習しながら向かうんですが、まったくヤル気がおきません。

会場についたときには、1時間半の大遅刻。さすがに無理だろうな、と思ったんですが「OK、お前が最後の一人だ」と入れてくれました。

部屋に入ると、カメラの横にキャスティングディレクターが座っていました。ケチがついてやる気を失っていた僕は、何の気負いもなく自己紹介を済ませると、そのシーンをパパッと演じました。一度やってみせたら、「サンキュー」で終わり。手応えはまったくなかったです。

オーディションが終わると、すぐにマネージャーから電話がかかってきました。

「マサヤ、オーディションはどうだった？」

「いや、遅刻もしたし、気が抜けてダメだったね」

「そうか。じゃあ、テキサスに行けるか？」

「テキサス？　なんで？」

「お前が取ったんだよ。受かったんだ！」

これは驚きましたね。どうして僕に決まったのか不思議でした。

撮影の日、倉庫のようなスタジオで椅子に座って待っていたら、チャックと相棒のジミー役のクラレンス・ギルヤード・ジュニアが入ってきました。監督をはじめ、スタッフが次々と2人に「グッド・モーニング」と声をかけます。2人はこの世界では大スター。「こんな感じでいいか」と段取りを確認すると、監督は「OK！　OK！」とペコペコしていました。

2人がメーキャップに入ったのを見計らって、監督に演出を尋ねました。するると、監督は「オーディションでやったことを、そのままやってくれ。お前のオーディションの演技は完璧だったから、お前はここにいるんだ」と言います。

その答えを聞いた瞬間、僕はオーディションがどういうものなのかが、分かった気がしました。

僕はそれまで、オーディションというのは良い役者を探すものだと思っていました。でも、そうじゃないんですね。もちろん、主役級のオーディションの中には役者の演技をしっかり見るものもあります。でも、大多数のオーディションでは、自分たちのイメージに合った演技をしたかということを中心に見ているんです。

ドラマや映画の現場は忙しいですから、すべての役者に演出を施す時間や余裕はありません。最初から自分たちのイメージに合った演技をする役者を選んでおけば、演出の手間が省けるというわけですね。

『ウォーカー・テキサス・レンジャー』の場合、監督たちの求めていたのは、力の抜けたやる気のなさそうな男でした。僕は遅刻をして諦めていたので、いい意味で脱力してオーディションを受けることができた。僕が提示した演技と、彼らが求めていた演技が一致していたんです。

「オーディションに4回のうち1回受かったら、オーディションのプロだ。でも、オーディションのプロからスターになった人はいない」

アメリカで会ったキャスティングディレクターがそう教えてくれました。むしろスターになるのは、オーディションに何度も落ちていたような人の方が多いそうなんです。

オーディションでジャッジしているのは、その役者の良し悪しじゃない。

向こうが探している演技をしたかどうかだけ……。

そう考えるようになってから、オーディションを受けるのが少し楽になりましたね。


「オーディションは役者の良し悪しを見てるんじゃない、イメージした演技をする人を探しているだけ」

僕の流儀――17

BROTHER

～全身から火薬の臭いがする男～

北野武監督の映画『BROTHER』(2000年)は、僕の転機になった作品です。

アメリカのロサンゼルスを舞台にした作品で、僕は日本人街のボスである白瀬を演じました。

北野監督と初めて接点ができたのは、『残侠』(1999年)という日本映画でした。この作品の監督は、くしくも僕の幻のデビュー作『クレイジーボーイズ』を撮ってくださった関本郁夫さんです。映画の中で北野監督とご一緒するシーンがあったのですが、撮影のセッティング待ちのときに、「加藤さんって、英語は大丈夫?」と声をかけてくださったんです。

「まあ、ペラペラというわけではないですが、会話ぐらいは……」と答えると、「ちょっと考えていることがあるから、また声をかけるよ」とおっしゃったんです。それからしばらくしてオファーして下さったのが、『BROTHER』の白瀬役でした。話を聞いたときは、あのときのことを覚えていて下さったんだって感動しましたね。

当時の僕は、まだアメリカに主軸を置いていて、仕事があるときに日本に戻るという生活をしていました。

その頃のハリウッドは、ジャッキー・チェンの映画が大ヒットした影響もあって、いわゆる〝チャイニーズ・ブーム〟の真っ只中。ジャッキーの他にも『グリーン・デスティニー』のチャン・ツィイー、アクション俳優のジェット・リー、チョウ・ユンファなどが香港から進出してきて、彼らを使った映画が次々と撮られていきます。

そんな時期だったので、アジア系の俳優といえば中国系が中心。僕たち日本人俳優の出番はますます限られていました。

そんなとき、向こうでジョージ・チェンという俳優と食事をする機会があったんです。

ジョージさんは香港出身のアジア系アメリカ人で、シルベスター・スタローンの『ランボー／怒りの脱出』など多数の映画に出演しています。

そのジョージさんが、食事の席でこんなことを言ってきたんです。

「マサヤ、アナタはなぜアメリカにいるんだ。日本ではちゃんとしたアクターだったんだろう？　いまアメリカでちょこちょことやっている仕事に意味はあるのか？　日本にも黒澤明や北野武、三池崇史など一流の人がいるじゃないか。アメリカじゃ、三流のような扱いを受けて、英語の問題を抱えて毎日オーディションに落ちて苦しんでいるんだろう。それなら、なぜ日本に戻ってそういう人たちと仕事をしないんだ？」

そんなときに北野監督から白瀬役のオファーをいただいたんです。

ほぼ同じ頃、僕が籍を置いていたアメリカのエージェントからオーディションの話がきました。日本のキタノという監督がロスで映画を撮る。日本人のリトルトーキョーのボスがいて、その手下役のオーディションだと言います。

エージェントにそのボスは誰がやるんだと聞いたら、知らないけれど日本のアクターらしいと言われました。「いやいや、それはオレだよ」と思わず突っ込んでしまいました。

この一件は応えました。僕はハリウッド映画に出るなら、アメリカにいる方がいいと思っていました。でも、日本人が演じる重要な役は、アメリカではなく日本でキャスティングされる時代になっていたんですね。時代は変化していたんです。

そのことに気づいたことで、僕は日本に拠点を移す決断をしました。ジョージさんが言うように、日本の一流の人たちと仕事をしようと思ったんです。

『ＢＲＯＴＨＥＲ』はロサンゼルスで撮影しました。

当時、僕はロスに住んでいたので、映画の舞台の地理はぜんぶ頭に入っていました。英語も理解できたので、役作りはしやすかったですね。あとは銃をまるで箸を使うように簡単に撃つ、白瀬の狂気性をいかに出すかです。

撮影現場の近くに射撃練習場があったんです。そこに通い詰めて、毎日１００発から２００発くらい実弾を撃ちました。実際に拳銃を撃つと、凄まじい反動があるんですね。音も衝撃もすごいものがある。銃の怖さを知っておけば、必ず役に生きてくると思ったんですね。

でも、そのおかげで体が火薬臭くなって困りました。射撃練習の帰りに警察に止められなくてよかったです。もし止められていたら、きっと面倒なことになっていたでしょうから（笑）。

映画公開後、アメリカのジョージさんから連絡がありました。

「『ハリウッド・リポーター』（ハリウッドで発行されているエンタメ業界の専門誌）に、マサヤさんの名前が出ていたよ。いい演技だって褒めていた。今度送るね」

ジョージさんはその雑誌を買っておいてくれて、後でわざわざ届けてくれました。僕のことを気にかけていてくださったんだなって、本当にありがたかったですね。

大切なことに気づかせてくれたジョージさん、元気にやっているかな。

またお会いしたいですね。

「時代の変化に常に目を向ける」

僕の流儀——18

ボニー・ティマーマン

～ハリウッドの凄腕キャスティングディレクター～

映画『BROTHER』に出演した後の話です。

僕は再び日本を拠点に活動するようになりましたが、せっかく取ったグリーンカードを失効させるのはもったいないので、しばらくは日本とアメリカを行き来していました。

それでアメリカに滞在中、エージェントからオーディションの連絡が入ったんです。かなりの大作映画で、日本兵を演じる役者を探しているといいます。映画好きなら誰もが知っているような有名監督。その人が10年ぶりにメガホンをとるという話題作です。

しかし、その映画の撮影スケジュールを見ると、すでにNHKの大河ドラマ『利家とまつ』（2002年放送）が入っていました。だから出演できないと断ったんですが、「とにかく受けるだけ受けておけ」というので、オーディションに行ったんです。

普段、オーディションを受けるときは、役に合った服を着るなどイメージづくりをしていきます。日本兵なら軍服姿をイメージしてもらえるように、カーキ色の服を着たりするわけです。

でも、この日のオーディションは受かっても出演できない可能性が高い。そこで特に考えず、革パンと革ジャンに長髪で行きました。日本人にもこんな役者がいるんだな、と思わせることができたら面白いだろうということで。

会場についたら、女性のキャスティングディレクターがいました。

氏名、エージェント名、ソーシャルセキュリティーナンバーを言った後で、オーディションが始まりました。しかし、うろ覚えだったこともあって、いきなりセリフをトチってしまったんです。その瞬間、「しまった、終わりだ」と思ったのですが、なぜかキャスティングディレクターが優しいんですね。

「急がなくていいのよ。ゆっくり話して」とやり直させてくれる。それだけじゃなく、「このセリフ、日本語で言ってみてくれない」と何度も演技をさせてくれるんです。キャスティングディレクターの中には、机に足を乗せ、ふんぞり返って演技を見るような人もいるので、「こんなに優しい人もいるんだ」と感動しました。

さて、僕にとってはそんな珍しいオーディションだったわけですが、終わったらすぐにエージェントから電話がかかってきました。

「マサヤ、お前、オーディションで何をやったんだ？」

そんな感じでずいぶん慌てているんですね。

やっぱり革ジャンと革パンはまずかったか。そう思って、エージェントに聞きました。

「何か怒らせることをしたかな？」

「いや、そうじゃない。キャスティングディレクターのボニー・ティマーマンがお前のことを気に入って、ぜひ映画に出てほしいと言っているんだ」

「ほんとに？　そういえば、すごく優しかったな。いままで受けたオーディションの中で、一番親切だったかもしれない」

「何言ってんだ。お前な、彼女はハリウッドでもタフ（厳しい）で有名なんだぞ」

後で知ったのですが、ボニー・ティマーマンはハリウッドでも名うての敏腕キャスティングディレクターで、マイケル・マン監督の『ヒート』（1995年）、マイケル・ベイ監督の『アルマゲドン』（1998年）などのキャスティングを担当した方でした。

でも、そんなボニーがどうして僕を気に入ってくれたのでしょうか。

いま思うのは力が抜けていたのが良かったのかなあ。それは謎です。

注目作に出られるのですから、本来であればノドから手が出るほど役が欲しいもの。でも、僕はスケジュールが重なっていたので出られない。できないんだったら仕方がないと淡々とやったことが、ボニーの目には余裕があると映ったのかもしれません。偶然なんですが、『ウォーカー・テキサス・レンジャー』のオーディションと同じですよね。

余裕がある、ということは自然体と言い換えることができます。

自然体でいるということは、スポーツの世界でも重視されていますよね。でも、自然体はそう簡単に作れるものではない。ものすごいトレーニングや経験を積んだ人だけが辿り着ける境地です。

僕の場合は、受かっても仕方がないという思いから、余計な力が抜けて自然体になることができた。でも、それは偶然の産物で、たまたまそうなっただけです。

役者である以上は、やっぱり役が欲しい。その気持ちが表に出過ぎてしまうと、自然体ではいられなくなる。では、どうしたら自然体でいられるのか、これは永遠の課題ですが、いま感じているのは、努力や経験の積み重ねなのかなと……。自然体への道は遠いですが、そういう状態を作り出すことが常にできるようになれば、僕も一流俳優の仲間に入れてもらえるかもしれませんね。

ちなみにその映画ですが、僕はやっぱり出演できませんでした。

撮影地はオーストラリアだったのですが、指定された日時に現地入りするには、どうしても大河の撮影を1日とばさなければならなかったんです。

この世界では先に受けたオファーが絶対。エージェントに「ハリウッド映画だぞ！　考え直したほうがいい」なんて言われましたが、断りました。

その映画、撮影はスケジュール通りに進んだようですが、諸般の事情で3年も遅れ、なんとなく公開されました。絶対にやりませんが、大河をすっ飛ばしてそっちに出ていたら、僕はＮＨＫを出入り禁止になって日本では仕事ができなくなっていたことでしょうね。

「自然体。言うは易し、行うは難し」

【第三章】

DAY 3

取材3日目

僕の流儀——19

学びのモットー

～雨だれ石を穿《うが》つ～


大人になっても何かを学ぶ機会というのはあるものです。

僕はそういうとき、2、3年は辛抱して続けるようにしてきました。

たとえば、武道がそうですね。モデル時代、僕はボクシングをやっていたんですが、ボクシングはもともとヨーロッパ発祥のスポーツ。どうせやるなら日本人のアイデンティティを活かした武道の方が良いのではないかと習い始めたんです。

武道というのは、小さい者が大きな者を倒すというコンセプトがある。力だけでなく、体をうまく使います。体の構造を知ることで、効果的な攻撃の方法を学ぶんです。

刀もそうですよね。日本刀は力任せでは斬れませんが、刀身の反りに合わせて斬れば、力がなくてもスパッと斬ることができる。武道ではそういうことを学びましたね。

武道を始めるときに決めたのは、一生続けるかどうかはわからないけれど、少なくとも3年はやるということでした。石の上にも3年ということわざがありますが、物事を習得するには最低でも3年は必要なんじゃないかと考えたんです。

武道を学んだのは3年間でしたが、そこで得た体の使い方、足さばきは一生忘れません。一度、自転車に乗れるようになると10年乗らなくてもまた乗れるのと同じで、体に覚え込ませることができればブランクがあっても忘れることはないんです。せっかく時間を費やすのだから、セカンドネイチャー（※深く身についた習慣、第二の天性）になるまでやらないともったいないですよね。

英語も3年でものになるかって？　いや、さすがに英語は3年では無理ですね。英語を学ぶ一番の近道は耳を作ること。語学の習得には時間がかかるので、早ければ早く始めただけ有利です。

英語について、以前教わっていた先生がこんなことを言っていました。

英語の勉強は、ひとつのコップに水を注ぐようなものなんだそうです。水がコップいっぱいになるまでは何の変化も起こらない。その状態が3年ぐらい続くんです。

そして3年が過ぎた頃、ようやく水がコップいっぱいになって溢れてくる。そのとき、英語力がグーッと伸びたという実感が湧いてくる。でも、そのコップの外にはさらに大きなコップがあって、そこにまたじわじわと水を貯めていく。そうしてまた何年か経って水が溢れ出た瞬間にまた伸びを実感する。その繰り返しだというんですね。もっとも先生のおっしゃる習得レベルはそうとう高いところに設定されていると思いますが……。

いくらやってもうまくならないが、あるときにトーンと突き抜けるように伸びていく。これは英語や武道に限らず、何でも同じなのではないかと思います。

僕は何かを学ぶときは、いつも次のことを心がけています。

「正しいことを、正しいやり方で、正しい回数やる」

これは筋トレに例えるとわかりやすいですね。

胸の筋肉をつけたいのにスクワットをするでしょうか。スクワットをやっても足が鍛えられるだけですから、普通は腕立て伏せやベンチプレスをやるはずです。そのとき、ただやるだけでなく、大胸筋に効果的なフォームでトレーニングをしなければなりません。

そしてトレーニングには、やるべき効果的な回数というものがあります。筋トレの場合は、1回やっただけでは筋肉はつかないので何度か繰り返さなければなりません。これが「正しいことを、正しいやり方で、正しい回数をやる」ということです。

僕の場合はさらに、そこに「考える」という要素も付け加えています。

なぜだろう、どうしてだろう。疑問に思ったことは、トレーナーなり、先生なりにその都度聞いてみる。鬱陶しい生徒だなと思われるかもしれないけれど（笑）。でも、それをやらないと自分のものにならないと思うんです。

ものになったかどうかは、「そのことを人に教えられるかどうか」なのかなと思っています。教えることができれば、本当に身についたことになるし、また、教えることで自分自身もより深く学べるようになる。

僕は新しく何かを始めるときは、いつもそんなふうに考えて取り組んでいますね。

「習得すれば、教えられる。教えれば、深く学べる」

僕の流儀——20

会話の極意

～役者という仕事の特権～

俳優になって良かったことはいくつもあります。ひとつは色々な価値観を持つ人たちと一緒に働けたことでしょうか。

芸能界って、様々なジャンルから垣根なく集まってくるんですね。演技がうまい、歌がうまい、話が面白い……一芸に秀でていれば、バックグラウンドは関係ないわけです。

そういうユニークな場所なので、同じ物事でも「えっ、そんな見方もあるの？」とびっくりするような解釈をする人もいたりします。おかげで物事を多面的にとらえる癖がつきました。

あとは、誰とでも話せるようになったのも良かったことですね。

俳優をやっていると、子どもから年配の方まで分け隔てなく話す機会が多いんです。普通の会社だと、60歳の役員と22歳の新入社員が親しく話すなどという場面はあまりないですよね。でも、たとえば親子を演じるときなどは、子役の子どもと話ができないと演技が成立しない。自分の子どもくらいの役者と「おお、そうか」なんて話すのはなかなか新鮮です。

人と話すといえば、普段なら会えないような方と話ができる、というのもこの仕事の醍醐味かもしれませんね。

役者をやっていると、役作りの過程で実際にその仕事をされている方からお話を聞かせていただくことがあるんです。たとえば、医者の役だったらプロデューサーなどが本物のお医者さんにコンタクトをとって、お会いする機会を作ってくださることがあるんですね。忙しい合間を縫って会ってくださるだけでなく、普通なら話してもらえないような話も聞かせてくださる。これは他には代えがたい、貴重な体験です。

また、若造だった頃から、大きな会社の社長や作家の先生など、なかなか会えないような方と直接お話ができたのも、役者という職業の特権だったかもしれません。

そういう時に感じたのが、ちゃんと会話をすることの大切さです。

芸能人は面白いことをやっているだけ、というイメージがあるんでしょうか。自分の経験では、若い頃に「どうせ分からないだろうけれど……」といったニュアンスで話をされていると感じることが時々ありました。でも、僕らもそんなに物事を簡単に考えているわけじゃないんです。そのことを分かってもらうためにも、ただ話を聞いているだけじゃなく、しっかりと会話するということを心掛けてきました。

会話をつなげる技術というわけじゃないですが、僕は分からないことがあったら「それは○○ということですか？」とできるだけ簡単なものに置き換えて聞くようにしています。自分が知っている知識の中から例を出すと、相手に理解の度合いを示すことができる。それが的確な例だったら「理解しているな」とさらに深い話をしてくれるんです。その応酬が会話を深くしてくれるんですね。

この〝例える〟という技術は、アメリカで仕事をするときも役に立ちました。アメリカ人がブロークンな英語で話していると、ネイティブじゃない僕が理解できているかどうか、不安な顔をするときがあるんですね。そういうときも「それは例えるなら○○ですか？」と例を出して聞くようにしていました。その例が的確だったら相手に理解していることを示すことができるし、外れていたら相手はより理解しやすいように説明し直してくれるというわけです。

〝例える〟ことができると、自分の話をより相手に伝えやすくすることもできます。

たとえば、この本を作っているときに「アメリカのエージェントとマネージャーの違い」について聞かれましたが、僕は「エージェントはデパート、マネージャーは売り子、俳優は商品」だと答えました。大雑把な説明ですが、それでも全体像をイメージできるはずです。

僕なりの会話の極意ではないですが、そういうことを考えるきっかけをくれたのも、芸能界に入って良かったことですね。

「例えが上手くなれば、会話が弾み、深くなる」

僕の流儀――21

美の追求者

～美は細部へのこだわりに宿る～

『外科室』（1992年）の監督・坂東玉三郎さんは、日本の伝統美に対するこだわりがとても強い方でした。

撮影中にセリフを言ったら、「いくら上品な言葉を使っても、それじゃ上流階級の人が話しているようには聞こえないよ。母音を長く喋らないとダメなんだよ」とアドバイスをいただきました。たしかに意識して母音を長く発音すると、雅な雰囲気が出るんですね。母音について指摘を受けたのは初めてだったので、すごいところまで考えていらっしゃるんだなと驚きました。

この映画の主演は、吉永小百合さん。僕はその相手役で、高峰という外科医を演じました。2人は以前、一度だけすれ違ったことがあって、その時にひと目見て恋に落ちてしまった。泉鏡花原作の、究極の純愛物語です。

物語の中で吉永さん演じる伯爵夫人は病に侵され、僕の手術を受けることになります。伯爵夫人は麻酔をされることで、僕への思いを無意識に告白することをおそれて、麻酔なしでの手術を希望します。

その手術のシーンなのですが、玉三郎さんはライトを手術室の中ではなく、セットの外に置いたんです。室内にライトがあった方が撮影は簡単なはずですが、「本来ないものが現場にあると、役者の気が散るでしょ」といって、手術室の中にライトを入れさせなかったんですね。

泉鏡花の『外科室』が発表されたのは明治28（1895）年。当時は家庭に電気が配られるようになったばかりで、電灯もまだそれほど普及していなかった。当然、手術も昼間、自然光を頼りに行われていたはずです。セットの外に置かれたライトは、ちょうど窓から自然光が差し込むように手術室を淡く照らし、まるで一枚の絵画のような美しいシーンを作り上げていました。

玉三郎さんといえば、もうひとつ印象的なことがありました。

映画の衣装合わせの際、衣装を着たらポラロイド写真を撮るんです。いまならスマホで済ませていますが、当時はまだなかったのでポラロイドで記録していたんですね。

それを見て、玉三郎さんの表情が曇ったんです。

「こんなのダメ。どうしてこんな風に撮るの？　やり直して」

ポラロイドを見せてもらうと、高いところから撮ったせいか、やけに頭が大きく足が短く写っている。背景にも備品だとか、余計な物が写り込んでしまっています。

この写真は記録用で、どこに出すわけでもないので、写っていればいいという考え方もある。でも、「どうせ記録用だから」ではダメ、ポラも美しくなければならないという美を追究する玉三郎さんらしい考え方です。

黒澤明監督は、モノクロ映画『赤ひげ』を撮る際、赤ひげ役の三船敏郎さんの髭を赤く染めさせたという話があります。劇中で開けることがない薬箱の中にも、わざわざ薬を入れていたんだそうです。そのエピソードに通じるこだわりを感じますよね。

どんなことでもおろそかにせず、常に完璧を目指すという姿勢。その姿勢があるからこそ、『外科室』という映画を作ることができたのでしょう。

一流と呼ばれる人は、細部へのこだわりがあります。

自分の仕事に対する誇りと、その仕事をまっとうするためのこだわり。

そういう姿勢が、その人を一流にしているのかもしれませんね。

ちなみに、僕はこの映画をアメリカの劇場で観ました。

吹き替えでなく、字幕版だったのですが、高峰が伯爵夫人に麻酔なしでメスを入れる場面で僕が言う「痛みますか？」というセリフが「Are you pain ?」と訳されているのを見て、アメリカ人の観客が爆笑していました。どうやら一部のお客さんには物語の機微が理解できなかったようです。玉三郎さんがその場にいたら、きっと卒倒していたかもしれませんね（笑）。

「こだわりが一流をつくる」

僕の流儀――22

しなやかに、強力に

～俳優もおだてれば木に登る～

朝令暮改《ちょうれいぼかい》という言葉がありますよね。

朝言ったことが、夕方にはもう変わっている。一般的には優柔不断を表す、あまり良い意味の言葉ではないですが、僕は朝令暮改が悪いとは思わないんですね。初志貫徹することも重要ですが、そのまま進むと失敗するとわかったら柔軟に変えた方がいい。結果が良ければ、すべて良しということですね。

たとえば、三池崇史監督はそうでしたね。

『荒ぶる魂たち』（２００２年）を撮影していたときのことです。外で撮っていたら、晴れのシーンなのに雨が降ってきた。普通なら撮影を止めるところですが、三池監督は傘を持ってきて「この方がかっこいいから、傘をさしてやりましょう」と続けるんです。後でカットを入れてつなげば、時間が経過して雨が降ってきたことになる。だから問題ないというんですね。実際、あとでそのシーンを観たら、傘をさしていた方がたしかにかっこいいんです。

この映画の冒頭には、主人公たちが鉄の扉を「バーンッ」と何枚も開け、親分のもとに駆けつけるシーンがあるんです。これ、実は1枚の扉しかなく、アングルを変えて撮ることでたくさん扉があるように見せているんです。その方がスピード感が出て面白いからって、その場で決めてリアリティよりも絵作りを優先して撮ったんですね。夜のシーンでは、あえてライトを使わず、自動販売機の明かりだけを頼りに撮影したこともありましたが、独特の映像表現になってこれがまたかっこいいんです。

ジャッキー・チェンと共演した『新宿インシデント』（2009年）のイー・トンシン監督もフレキシブルでした。

「明日は撮影だよ」と聞いていたのに、突然中止になったんです。なんでも、テレビを見ていたら宮城県沖で座礁したロシアのタンカーの撤去作業がもうすぐ始まるというニュースがやっていたらしいんです。そうしたらイー・トンシン監督が「ちょうどいい、撤去される前に撮るぞ」と。映画の中に船で日本に密入国するというシーンがあったんですが、それを本物を使って撮るというんですね。それでみんなでワーッと宮城まで行って、座礁した船の前にジャッキーやエキストラを並べて、こっちに向かって走らせて、その船から逃げてきたという設定で撮ってしまった。これで1億円は浮いたって、プロデューサーが喜んでいました。

優れた監督というのは、役者を乗せる術を心得ている気がします。

二二六事件を描いた映画『226』（1989年）でご一緒させていただいた五社英雄《ごしゃひでお》監督はまさにそうでした。

映画監督というと、撮影前に絵コンテを用意する方が多いんですが、五社監督は「まずやってみてくれ」と役者を動かして現場で決めていくんです。

監督の中には、そのシーンで坂井中尉（僕がやった役です）にここまで歩いてきてほしいという思いがある。でも直接「ここまでこい」とは言わないんです。

「アニキ（僕のこと）、どうしたらここまでこれるかな？」

そう問いかけて、役者に考えさせるんです。

僕が考えあぐねていると、

「じゃあ、このカーテンを開ける設定なら、いけるか？」

「いけます」

「よし、じゃあやってくれ」

そんな感じで、現場で決まっていくんです。

俳優はそこに帽子が落ちていたら拾うし、障害物があれば避けて歩く。俳優はそういう生き物なんですね。

『THE LAST MESSAGE 海猿』（2010年）の羽住英一郎監督は、大掛かりなアクションシーンをやり直さなければならないとき、優しい笑顔で「もう一回、いきましょうか？」とスタッフや役者に声をかけていきます。準備に2時間くらいかかるシーンで、僕ら出演者も大量の水を浴びてズブ濡れになっている。でも、ニコニコしながら優しい言葉で「もう一回、いきましょうか？」と言われると、用意するスタッフも演じる役者も「よし、そうだな」と思ってしまうんですよね（笑）。

優れた監督というのは、スタッフや俳優がその気になるように誘導するのが、とても上手いんです。

俳優も人間ですから、おだてれば木に登ります（笑）。怒鳴って良くなることはありません。逆に萎縮するだけです。昔はそういう監督も多くいましたが、今はパワハラだと訴えられる時代ですよね。強い言葉を使わず、うまく自分の思う方向に持っていく。僕はそれが名監督の条件だと思いますね。

「優れた指導者は、指示するのではなく、導く」

僕の流儀――23

初舞台

〜45歳の初体験〜

舞台に関していうと、実は若い頃、つかこうへいさんから2回ほどオファーを頂いたことがあるんです。でも、そのときは自分の演技に自信がなくて断ったんですね。

映画と舞台、同じように思われるかもしれませんが、実際はまったくの別物というのが僕の考えです。映画やドラマって、短距離走のようなものなんです。短いシーンをバッと集中して撮影する。ミスをしたら、カメラを止めてもらって、もう一度やり直すことができる。でも、舞台はそうはいかない。始まったら止めることができないマラソンなんです。

とくに、舞台は全身でお客さんの前に立つのでまったく気が抜けない。台本やセリフをすべて頭に入れておく必要もある。それだけのものを覚えることができるのか、ということも不安でした。

しかし、僕の中ではいつかは舞台を踏まないと、次にステップアップできないという思いがありました。そんな中、45歳になった2008年に舞台『SAMURAI 7』のオファーをいただいたんです。

さて、45歳にして初めての大舞台。しかも、座長です。「やばいな」と思っていたら、前哨戦として慣れるために『友情～秋桜のバラード～』という子どもたちが主役の舞台に先生役で出てみませんかと誘っていただきました。これはいい経験になるなと思ったら、その舞台に『クレイジーボーイズ』で共演した長江健次くんがいて、舞台のルールなどいろいろなことを教えてくれたんです。これには大いに助けられました。もし『友情』をやらずに『SAMURAI 7』に挑んでいたら、どうなっていたことか……。

初めて舞台をやった後の感想って2つに分かれるらしいんですね。

またやりたいと思うか、もう二度とやらないと思うか。

僕は前者でした。こんなに楽しい仕事はないと思いましたね。そんなことを言っていたら、あるベテランの俳優さんに「加藤さんはまだ舞台の怖さを知らない」なんて釘を刺されましたが（笑）。実際、その言葉の意味を、後で嫌というほど知ることになりました。

その後も『暗くなるまで待って』『SAMURAI 7』の再演、『新・幕末純情伝』、『黒蜥蜴《くろとかげ》』、『女海賊ビアンカ』、『真田十勇士』、『きりきり舞い』、最近では『あの海の向こうへ～細川たかし誕生物語～』、『ETERNAL』などに出演させていただきました。

舞台では、ハプニングが起きるんです。たとえば、セリフや殺陣を忘れたり、共演者が出てこなかったり、あるべきものがなかったり……。

実際、僕も殺陣を忘れたことがあります。『SAMURAI 7』でのことですが、とにかく殺陣が多い役だったので、頭が混乱していて舞台に出た瞬間にポンッと頭が真っ白になってしまったんです。相手役は僕がくるのを待っているんですが、どう斬りかかればいいか思い出せない。下手に動くと事故になるので、とりあえずジリジリと動いたら、相手も察したのか動きを合わせてくれた。それで、そうやってにらみ合うだけで、なんとかその場を乗り切りました。相手の役者さんのおかげです。

舞台では自分が失敗すると「どうすればいいんだ！」と、ものすごい量のアドレナリンが出ます。これが以前、先輩が仰っていた「舞台の怖さ」なのかと思いました。でも、不思議と悔やんだりはしないんですね。ミスしたものは仕方がないと、どこかで楽しんでいる自分もいるんです。

そして人がミスをしたら、これまた楽しいんです（笑）。ちょっと意地が悪いですが、自分がミスをしたわけではないので、その状況を冷静に見ている自分がいる。そのミスをみんなで協力し合って乗り切るのが楽しくてしょうがないんですよ。

あとは、会場によって雰囲気が違うのも面白かったですね。たとえば、明治座は飲み食い自由で、アルコールも飲める。だからか、ときどき客席からヤジが飛ぶこともあるんですね。そういう中で演技をするには、客席と呼吸を合わせる必要があります。舞台は演者と観客が一体となって作り上げていくものでもあるんだな、と実感しました。

本当に、舞台って面白いんですよ。

もっと早くやっておけば良かったですね。

「食わず嫌い、食べてみたら美味かった」

僕の流儀――24

蝶間林利男先生

～背中を押してくれた父と恩師～

僕がモデルをやると決めたとき、一番頭を悩ませたのが父の説得でした。父は普通の会社員で、芸能界とは一切接点がない。奈良から横浜の大学まで仕送りをして通わせたのに、モデルになるなんて言ったら怒るだろうな、と不安でした。

でも、そうこうするうちに『メンズノンノ』が決まりました。こうなったらさすがに言わないわけにはいかない。それで帰郷した際、意を決して父に告白したんです。ただ、家だと怒鳴られる可能性があるので、バスに乗っているときに切り出したんですね。他に人がいたら、怒鳴ることはないだろうと（笑）。

そうしたら、父はこう言いました。

「やりたいことがあるならいいじゃないか。好きなようにやればいい。何か問題にぶつかったら、今まで勉強したことを使って判断すればいい」

父は生まれてすぐに実の両親を亡くしています。幼い頃から育ての親のもとで暮らしてきたから、自分のやりたいことを一切できなかったんですね。そんな父だから息子には安定した道を望むと思っていたんですが、まさかの答えだった。父の度量の大きさを知って「負けた」と思いましたね。姑息な〝バス中作戦〟を実行した自分がとても小さく思えました。

また、大学の卒業時にはこんなこともありました。

卒業後もモデルを続けると決めたとき、ゼミの担当教官だった蝶間《ちょうま》林《ばやし》利男《としお》先生に報告をしたんです。蝶間林先生は現在、横浜国立大学で名誉教授をされています。

僕が就職せずにモデルをやっていくと報告すると、先生はこう言いました。

「私は芸能界のことはよく分からない。しかし、お前の性格だったら野垂れ死ぬことはないだろう。ただな、加藤。お金が入ったら勉強しろよ。現金やモノは破産したらすべて失う。でも、身につけた知識はなくならないんだ。何かあったとしても、その知識や経験を使って再起すればいい」

僕は今でもこの言葉を実践しています。

人間は判断できないものを、自分の中の物差しで測ろうとしてしまいます。でも、その物差しは万能ではないし、案外短いものなんですね。それで測ろうとするから、子どもの可能性を摘んでしまったりもする。蝶間林先生は自分の分からない世界は分からないと認めた上で、どの世界でも通用する有益なアドバイスをしてくださった。これは嬉しかったですね。

1988年に『マリリンに逢いたい』で俳優としてデビューするときも、蝶間林先生に挨拶に行きました。

先生はすごく喜んでくださって、「お前のために就職先をひとつ押さえていたが、そっちはもう断るからな」とおっしゃったんです。「なんでそのことを言ってくれなかったんですか?」と聞いたら「それを言ったら、お前は甘えるだろう」と。そして先生は「とにかく加藤、勉強だぞ。勉強はお金がかかる。稼いだら、勉強しろ。この言葉を忘れるなよ」と僕の背中を押してくださいました。

その言葉を聞いて、「これが教師のあるべき姿なんだな」と思いましたね。

後年、あるテレビ番組で蝶間林先生と再会しました。

そのとき、教育の話になったんです。

先生は「教育というのは教え、育てることだ。子どもの可能性を見抜いて、育て、伸ばすことなんだ」とおっしゃいました。

父や蝶間林先生のような人が身近にいて、僕はラッキーだと思います。


「物はなくなっても、身についた知識や経験は絶対になくならない」

僕の流儀――25

原田隆史先生

～過去は全肯定～

20年来のつき合いのある教育者、原田隆史さんの考え方にも影響されました。

原田さんはもともと中学校の体育教師をされていて、弱かった陸上部をわずか数年で全国大会の常連にまで育て上げ、現在はそこで得た目標達成のメソッドを広める活動をされています。メジャーリーグの大谷翔平選手が高校時代に取り組んでいたことで話題になった「オープンウィンドウ64」の考案者としても知られています。

原田先生と知り合ったきっかけは、先生の著書『カリスマ体育教師の常勝教育』（日経BP）です。その本を読んで面白い先生がいるんだなと感心していたら、たまたま高校の先輩が原田先生と知り合いだったんですね。それで先輩に紹介していただいたんです。

原田先生とは大阪の居酒屋で初めてお会いしました。その時、大きな地震があってひどく揺れたんです。そしたら先生が「加藤君、一緒にいるときにこんな大きな地震があるなんて、これも何かの縁だよ。強い出会いだよ」と訳の分からない前向きな発言をされたのが印象的でした。先生は常にポジティブで、口癖は「過去は全肯定」。過去に何があってもすべて肯定する。なぜなら過去は変えられないから、というのが根底にあるんですね。

原田先生は、土曜日の夜8時くらいから深夜2時くらいまで続く教師塾という塾もやられていました。これは学校の教員のための塾で、全国の熱心な教師が飛行機や新幹線に乗って先生の下に集まってきます。僕も一度見学をさせていただいたことがありますが、みなさん、すごい熱意で学ばれていました。

新型コロナによる自粛期間中には、原田先生のセミナーを受けたこともあります。オンライン講座でしたが、1回の授業は7時間。それが全部で5回ありました。その間、原田先生はずっとひとりで講義をされていました。

そんな原田先生の著書『カリスマ体育教師の常勝教育』には、何かを成し遂げるために必要なのは、取り組む時間と習慣化だと書かれています。

たとえば、読書、腕立て伏せを日課にした場合、1日に本を何ページ読む、腕立て伏せを何回するなど、目標を「数」で設定するのではなく、本だったら10分、腕立て伏せなら1分間やるなど「時間」で設定する。そうすれば時間を有効に使え、学生の場合だったら、その他の時間に勉強をしたり、家の手伝いをするなど、1日の予定を立てやすくなる。そのうえで、決めたことは必ずどんな状況でもやる。

本を読む10分、英語の勉強をする10分、腕立て伏せ1分、腹筋1分などを細かく決めていくわけですが、それをノートなどに日ごとにマスを作って、やったらそれぞれ色を塗っていく。やらなかったところはそのままという風にしていくと、サボり状況が一目瞭然になってモチベーションの向上につながるんです。まあ、とはいえ、毎日やるのはなかなか難しいものです。いや、やれないのが人間なのかもしれません（笑）。

「何事も可視化すればよく見える」

僕の流儀――26

アイダ・パナハンデ

～絶対に妥協しない監督が教えてくれたこと～

2019年に『二階堂家物語』という映画に出ました。奈良県天理市を舞台にした、跡取り問題に揺れる家族を描く作品です。監督を務めたのは、イラン出身のアイダ・パナハンデ。フランスのカンヌ国際映画祭で受賞経験がある、注目の女性監督です。

イランの女性がどうして日本の家族の映画を撮るのか不思議に思うかもしれませんが、アイダは「第4回なら国際映画祭2016」で最高賞であるSHIKA賞を受賞していたんですね。その副賞として監督に抜擢されたんです。

この作品では、これまでとはちょっと違った体験をさせてもらいました。撮影でセリフを喋る。すると、アイダは「違う」と言ってカメラを止めるんです。仕切り直しで、再び同じセリフを言うと「違う」と言ってまた止める。それが何度も繰り返されるんですね。

英語の芝居ならまだわかりますが、これは日本語の芝居です。セリフを間違えているわけでもないし、喋り出すタイミングだっておかしくない。何が違うのかわかりませんでしたが、監督が納得いかないなら役者は続けるしかないですよね。何度か繰り返した後、僕はたまらずどこが悪いのか、アイダに尋ねました。すると、アイダはこんなことを言ったのです。

「日本語はわからないが、あなたたちがセッティングの待ち時間に話をしているのをずっと聞いていた。そのときの話し方と、セリフになったときの話し方が全然違うの。なぜそうなってしまうの？　普段話しているようにセリフも言って」

これまで何本も映画に出ていますが、そんな指摘を受けたのは初めてでした。僕としては普段と同じように話していたつもりなんですが、日本語がまったくわからないアイダだからこそ、わずかな違いに気づいたということなんでしょうかね。

それからアイダと毎日のように議論を交わしながら、試行錯誤を重ねました。

その中で、ふとした気づきがあったんですね。

日本では、演技をする時に「よーい、スタート」の掛け声で始めることが多い。ひょっとしたら、そこに原因があるんじゃないかと思ったんです。

「よーい、スタート」という掛け声には、その瞬間から何かを始めなければならない、といった響きがありますよね。僕の場合は特に陸上の100メートル走をやっていたので、その掛け声がかかった瞬間、無意識に構えてしまうところがあるのかもしれない（笑）。

そしてもうひとつ、僕の中で〝演技〟は〝何かをしなければいけない〟ものだという先入観もありました。そのふたつが重なり合い、「よーい、スタート」の掛け声を聞いたら、無意識のうちに「演じるぞ！」と力が入って、普段とは違う話し方になってしまっていた可能性があると思ったんです。

アメリカでも撮影が始まるときは「レディ、アクション」と声をかけます。アクションは「行動」という意味で、スタート（開始）とは少し意味合いが違います。

ただ、そのことに気づいても直すのは簡単ではありませんでした。30年近くも「よーい、スタート！」で動き始めてきたのですから、自分の中でクセになっています。

そこで僕はアイダに「そのシーンの1分前から演技をさせてくれないか」と提案してみました。そうすれば掛け声の影響を受けず、自然にセリフを言えるのではないかと考えたわけです。

アイダが「それで行きましょう」と言ってくれたので、シーンの前のセリフを勝手に自分で作り、途中から本来のセリフに入るように演技をしました。すると、自分でもリズムに乗れているのを感じたんですね。何かを始めるのではなく、もう始まっている。そのことの違いでしょうか。アイダを見ると頷いていました。どうやら彼女の納得がいく演技ができたようです。

アイダは、大学教授のように作品を突き詰めていくタイプの監督でした。彼女はそれまで何本か映画を撮っていますが、いつも妥協しないので、出演した俳優とはよく険悪な関係になるそうです（笑）。

アイダの国のイランでは、映画製作は大きな制限を受けています。宗教上の理由などからなんでも自由に撮れるわけではない。劇中、ちょっとしたベッドシーンがあったんですが、本国イランではそれだけで罰せられるおそれがあるそうなんです。しかし、アイダはこの映画の中でそのタブーにチャレンジしました。アイダにとっては、映画は身の危険と隣り合わせの大きなチャレンジです。アイダは常に本気だからこそ、妥協することを嫌うんです。

この撮影中に学んだことは〝アイダの気づき〟という題でメモにまとめていて、時々読み返しています。

ちなみに、「よーい、スタート」で力が入ってしまう癖が抜けてきたのは、ここ最近のことですね。やっていた期間が長ければ長いほど、クセを消すのはそれだけ大変なことなんですね。

「どんな問題も考えて、考えて、考え抜けば、答えは見えてくるものなんですね」

【第四章】

DAY 4

取材4日目

僕の流儀――27

海外の仕事

～自分の身体ひとつでその国に飛び込む～


これまで仕事で行った国は、アメリカ、カナダ、フランス、オーストラリア、タイ、カンボジア、韓国、台湾、中国、香港……そういう国で映画を撮影してきました。

海外の人と一緒に仕事をすると、いろんなことが学べます。

作品によって変わりますが、映画の撮影になると、だいたい2週間から3週間は現地に滞在します。その間、向こうの役者やスタッフと色々なことを話してコミュニケーションを取るんですが、端々にお国柄というか国民性の違いみたいなものが見えて面白いんですよね。

たとえば、フランスで撮影した時の話なんですが、あちらは食事の時間をとても大切にしているんですね。昼食や夕食の時間になると、撮影現場にある机にテーブルクロスをかけて、優雅に食事を楽しむ。日本の場合は撮影が優先で、ガガガッと弁当を掻き込むだけ。ずいぶん違うなと思いましたね。

香港の映画に出演した時は、台本がなかったので驚きました。台本にしてしまうとアイディアを盗まれるおそれがあるというんですが、それまでは台本を読んでから撮影に臨むのが当たり前だったので、ずいぶん戸惑いましたね。

韓国には儒教の精神が根付いているので、とにかく年長者を立てる文化があるんです。韓国の映画に出演した時、監督をはじめ、周りのスタッフはみんな年下で、僕が一番の年長者ということがありました。そのときは、とにかく気を遣われて逆に大変でしたね。撮影場所について車から降りたら、バーッとスタッフが集まってきて頭を下げてくる。ライティングの待ち時間、岩みたいなところに座っていたら、韓国人の若い俳優が飛んできて「あちらの椅子に座ってください」なんて言ってくる。「いや、いいよ。もうすぐ出番だから」と断ったら、向こうでその俳優が「なんであんなところに座らせているんだ！」とプロデューサーから怒られていました。それを見て、かえって迷惑をかけたなと思いましたね。

あとは泊まったホテルが、いわゆるラブホテルだったのにも驚きました。

別に泊まる場所にはこだわりはないんです。でも、女性のメイクさんだとか、衣装さんが部屋までやってくるので、「いやだな〜」と思い、プロデューサーに相談したんです。すると、韓国では近くにホテルがないときにラブホテルに泊まるのは当たり前で、「チャン・ドンゴンやウォンビンも、みんな泊まっているよ」と言うんですね。向こうではビジネスホテル代わりに使うそうなんですが、それでもやっぱり恥ずかしかったですね（笑）。

余談ですが、プロデューサーは「マサヤが泊まっているのは、高級なラブホテル。スタッフはもっと安いラブホテルだよ」と笑っていました。

よく日米合作とか、日韓合作などという作品がありますよね。

実は、合作ものの現場はよくモメるんです（笑）。

多くの場合、原因は文化に対する認識の違いですね。海外の作品を観ていると、日本が舞台なのに「これ変だよ」というシーンがよくありますよね。たとえば日本のお葬式のシーンなのにまったく関係がないバリ風の家具が置かれていたり、着物の合わせを反対にして着ていたり……。

アメリカで『ザ・プリテンダー』というドラマに出たとき、ヤクザが指を詰めるシーンがあったんですね。

「こんな感じで切ってくれ」と、監督から演技指導が入ったんですが、親指を落とそうとしているんです。

「いやいや、親指なんか落としません。普通は小指です」

僕は慌てて指摘しました。

すると監督は「それは無理だ」と首を振るんですね。

「もう、切り落とした後の、ダミーの親指を作っちゃったんだよ。いまから小指を作る時間はない。マサヤ、なんとかならないか？」

日本人の自分が出ているのに、おかしな日本観のものを作るわけにはいかないですから真剣に考えました。それでひとつ解決策を思いついたんです。

「親指は、親の象徴です。この人物は自分の親に恨みを持っている。その思いを断ち切るため、あえて親のシンボルである親指を落としたというのはどうでしょう。ただ、このプランを行うなら、説明が必要なので僕のセリフが多少増えてしまいますが……」

「マサヤ、セリフは増えて構わない。それで行こう！」

監督としてはシーンをやってくれればなんでもいいんでしょうが、僕としては理由がないと親指は落とせない。プロとして撮影を止めるわけにはいかないので、必死でしたね。断指を文化と言っていいかは分かりませんが、相手の誤りを指摘するには、相手に説明できるまで自国の文化を学んでおく必要があります。この件以来、より深く日本の文化を勉強するようになりました。

海外の仕事では、習慣の違いに戸惑うこともあります。

一番はやはり契約ですね。海外では契約しているかどうかが大きなポイントです。ある海外の映画に出演が決まったんです。僕が主演で相手役のオーディションのためにわざわざロンドンまで行ったのに映画自体がキャンセルになってしまった。なんでも、ユーロ相場が下がったため、出資者が降りたんだそうです。

ロンドンまで行ったのにそりゃないよと思いましたが、出演契約を結ぶ前だから何も言えないんですね。ロンドンまでの旅費や滞在費は向こう持ちだったとはいえ、さすがにちょっとショックでしたね。映画は投資であり、世界経済と連動しているということを学んだ一件でした。

まあ、契約していないんだから破棄も何もないんでしょうけど、そういう海外の発想は日本では考えられないですよね。でも、それが海外の映画作りなんです。逆に言えば、向こうでは契約をしていないから途中で別の仕事を取っても悪くない、という考えも成り立つんですね。もっとも、そういうことをやると向こうのプロデューサーに「なんや、こいつ」と思われてしまうかもしれませんが……法的には問題はないんです（笑）。

海外で仕事をしていると、文化や宗教の違いに戸惑うことはあります。そこで反発してしまうと、それで終わってしまう。

文化や宗教の違いは理解できないものです。だけど、そこで違いを受け入れることはできる。その精神が必要なんだと思いますね。


「海外で働くと、どうしても理解できないことがある。

そんなときは前進するために受け入れる」

僕の流儀――28

写真

～一枚の映画を撮る～

写真は20年ぐらいやっています。

一眼レフのデジカメをいただいたんです。当時は海外ロケに行くことも多かったので、それを持って行って写真を撮るようになったんですね。最初は、共演者の写真を撮らせてもらったり、風景を撮影したりしたら思い出になるかな、くらいの感覚でした。

でも、そうやって海外で写真を撮っていたら、ふと思ったんです。

海外の街には、独特な匂いがありますよね。風や温度、湿度もある。そういうものを写真で表現することはできないだろうかと考えたんです。

たとえば、パリはセピア色で撮ると、パリらしい雰囲気が出る。ニューヨークはカラー写真よりもモノクロが似合う。スペインのような国は色がカーッと出ていた方がラテンっぽい。そういうイメージを写真で表現したくて、カメラの色温度などを調整して写真を撮るようになりました。僕は基本的に、撮った写真をパソコンで後から加工しません。その場で感じたことを表現するには、何色にするのが一番いいのか、その場で決めて撮るというスタイルです。

その後、中平卓馬《なかひらたくま》さんの写真に出会って、また写真の撮り方が変わりました。中平さんは1970年代に写真家の森山大道《もりやまだいどう》さんらと「アレ・ブレ・ボケ」と呼ばれた作風の写真を発表したんですね。あえて荒れさせたり、ブレさせたり、ボケさせたりした写真です。

それを見たとき、「ああ、こういう写真もあるのか」と感動したんです。写真に躍動感があってドラマみたいでした。言葉にすると難しいですが、1枚の写真なのにその前後のシーンが見える。1枚の映画なんですよ。

自分でもそういう写真が撮りたくなって、それからはISOの感度を高くしたり、シャッタースピードを遅くしてブレさせたり、ピントを外してボケさせたりして、自分の撮りたいように撮っています。そして写真にセリフを入れたり、ＢＧＭをつけてみたりすると、本当に一枚の映画になるんです。

写真についてもうひとつ言うと、最近は長方形ではなく正方形で撮るようにしています。これには大きな理由はないのですが、僕が普段住んでいる映画やドラマの世界は横長なので、そうじゃない画角で撮るのも面白いんじゃないかなと思ったんです。あとは単純に、撮った後にパソコンで縦だ横だと画像を回転させるのが面倒くさい、というのもありました（笑）。

そうしたら、インスタグラムってありますよね。あれって写真が正方形じゃないですか。長方形の写真と正方形の写真、視覚的に何か意味があるのかな、と疑問に思って調べてみたら、長方形の写真にはドラマチックに見せる効果があって、正方形の写真は物事の本質を表す、という説明をインターネットで見つけたんですね。インスタグラムの投稿は食べ物の写真などが多い。「美味しそう」だとか「豪華」だとか、言うなれば物事の本質そのものを写すものだから、正方形が向いているというんです。

それが正しいかどうか、僕には分からないですが、たしかに正方形で撮った写真の上下を切って長方形にするとドラマチックに見える。逆に長方形で撮った写真を正方形にトリミングすると、急に味気ないものに見える。これは僕の感覚かもしれないですが、たしかにそういうことはあるかもしれない、と思いましたね。

カメラのマニュアルも読んだこともなく、感覚で撮っているので、プロのカメラマンから見たら写真として成立していないものもあるでしょう。

でも、趣味は仕事ではないから自由にやればいいと思うんですよね。

ああでもないこうでもないと考えながら、新しいことをやってみたりするのが、趣味の醍醐味だと思うんです。

「写真は僕にいろいろなことを考えさせてくれる」

僕の流儀――29

温故知新

～昭和の日本映画からの気づき～

新型コロナで外出できなくなったとき、昔の日本映画をたくさん観ました。

とくに三國連太郎さんの作品や萬屋錦之介《よろずやきんのすけ》さんの作品、小津安二郎さんの作品、松竹の松本清張シリーズなど、１９５０年代から７０年代に撮られた作品です。

それらの作品を観ていたら、「そうか」と気づくことがたくさんあったんです。

昔はカメラも大きかったので、なかなか外に持ち出すことができなかった。そんな中で工夫してすごいシーンを撮影しているんですよね。

勝新太郎さんの『顔役』（１９７１年）という映画には警察車両が横転するシーンがあ

るんですが、カメラをぐるんと回すだけで横転する自動車の中を表現していました。音やカメラを巧妙に使うことで予算をかけずに撮影しているんですが、それで十分に伝わってくるんですね。あとは、ストーリーが多少破綻していても、俳優の魅力や演技力、勢いで押し切ってしまう。

当時の日本映画は自由なんです。演出なんかを見ても、ほんとうに自由に、好きなようにやっている。それを世界の人たちが観て、この時代にこんなことをやっているのかと驚き、自分たちの映画に取り入れた。そして、それを現代の僕たちが観て真似をする。調べていくと、実はその表現のオリジナルは日本だった、なんていうこともあるんです。それなのに、その事実が伝わっておらず、海外の映画の方がすごいと思われている。それは残念ですよね。

ハリウッドなどに比べると、日本の映画にかけられる制作費はどうしても少ないんです。でも、それなのにハリウッドのようなスケールの大きな作品を撮ろうとする傾向がある。それではどうしたって無理が出てきますよね。

韓国のある映画監督と話したときに、こんなことを言われました。

「いまはバジェットの大きな映画を撮らせたら、はっきりいって韓国の方が日本よりも優れている。でも、日本映画には僕たちが真似できない独自性があるじゃないか。僕たちには作れないオリジナリティが」

なるほどなと思いましたね。日本の映画界が世界で生き残っていくためには、日本のその独自性が大きな武器になっていくのではないか、と思います。

そしてまた世界もそれを求めているのではないでしょうか。

「過去の作品に、日本映画の未来がある」

僕の流儀――30

レスリー・チャン

〜アジアのスターとの思い出〜

これまで色々な国で映画を撮影しましたが、とくに印象に残っているのが香港ですね。香港で仕事をするきっかけを作ってくれたのは、『帝都大戦』でコーディネーターをしていたポール・チェンさんです。ポールさんは日本語が堪能で、コンタクトをとったら色々な人を紹介してあげるから香港においで、と誘ってくれたんですね。

香港では色々な人を紹介してもらいましたが、その中で僕に興味を持ってくれたのが、ゴードン・チャンという映画監督でした。

ゴードンはその時、日本の沖縄を舞台にした『恋戦。OKINAWA Rendez-vous』（日本では2001年公開）という映画を企画していました。春節に公開予定の作品で、世界を股にかける泥棒と彼を追うインターポール、謎の女、そして日本のマフィアの話です。ゴードンのオファーを受けて、僕は日本のマフィアを演じることになりました。

この映画、出演者がとにかく豪華なんです。

主人公の泥棒役は香港の大スター、レスリー・チャン。インターポールは『愛人／ラマン』でブレイクしたレオン・カーフェイ、謎の女は『恋する惑星』のフェイ・ウォンです。

映画は沖縄で撮影することになったんですが、驚いたのが台本がなくて、即興に近いかたちでやっていくことでした。役者は場面はおろか、ストーリーもザックリとしか知らされていない。わかっているのは、世界を股にかける泥棒と彼を追うインターポール、謎の女、そして日本のマフィアの話というだけ（笑）。

もうひとつ驚いたのが、スター揃いなので撮影中に出演者がしょっちゅういなくなるんです。レスリーやフェイ・ウォンは歌もやっているから、ツアーの打ち合わせだとかコンサートだとかで飛び回っていて、カーフェイもCMの撮影などで出ていってしまう。あるとき、香港からプロデューサーが様子を見にきたら、3人ともいないなんてこともありました。プロデューサーがスタッフに事情を聞くと「レスリーはいま台湾、カーフェイはアメリカ、フェイ・ウォンは中国です」って。さすがに「ふざけんな！」って怒っていましたね（笑）。

そんな感じで、混乱続きのドタバタした現場でしたが、その中でもレスリーとカーフェイは色々と助けてくれました。

撮影前には、広東語で書かれたその日の台本が渡されるんです。内容はスタッフが「こんなことが書かれています」と英語で説明してくれるんですが、なにせ広東語で書かれているのでセリフを言うタイミングがわからない。そうしたらレスリーが、「俺のセリフが終わったら肩を叩く。そうしたらセリフを言ってくれ」と助けてくれたんです。

僕には広東語のセリフもありました。でも、僕は広東語はできないので、発音がなかなかうまくいかない。困っていたらカーフェイが隣にきて、付きっきりで発音を教えてくれたこともありました。

映画の撮影後、香港で完成披露試写会があったんですが、マスコミの写真撮影のとき、僕が端に立っていたら、レスリーが「マサヤ、こっちにこい」と隣に入れてくれました。とにかく気遣いがすごいんです。

香港でのレスリーは、まさにスターでした。一緒に香港の街を歩いたんですが、文字通り、街の全員が彼を知っているんですね。途中、小さな売店で映画のことが書かれた新聞を手にとったんですが、お金なんか払わないんですよ。実際にはお付きの人が後でしっかり精算しているんですが、そういうことが許されるくらい、レスリーと街との信頼関係ができているんです。それでいて偉ぶるわけでもなく、みんなに優しくて、マスコミとの付き合いも大事にする。僕が考えていたスターのあり方を変えてくれましたよね。

レスリーとはこの映画がきっかけで、香港にいったら一緒に食事をするなど友だち付き合いをさせてもらうようになりました。でも、それからしばらくして自ら命を絶ってしまったんですね。それも4月1日に。報せを聞いたときは、エイプリルフールのジョークにしてはちょっとやりすぎだと思いましたが、本当だった。ショックでしたね。当時、SARSが流行していたこともあって、葬式にも行けませんでした。

もし生きていたら、どんな俳優になっていたんだろう。また会いたいですね。

「本物はいつも自然体」

僕の流儀――31

ミッキー・ローク

～「かっこいい」ということの意味～

ある舞台で共演した女優さんが、いつも素敵な洋服を着て稽古されていたんです。「素敵な稽古着ですね」と声をかけたら、その女優さんはわざわざ稽古着として買っているんですと教えてくれました。たしかアニエスベーの服だったかな。僕にはわざわざ稽古のために洋服を買うという発想がなかったので新鮮でした。

話を詳しく聞くと、以前、ジャージのようなものを着て稽古に出たら、ある演出家の方に「なぜそんないい加減な格好で稽古にきたんだ」と叱られたんだそうです。

「稽古場までどんな格好をしてきたのか、なんて関係ない。ここにいるみんなが見ているのは、いまのあなたの姿だ。見られているところで魅せなければダメだよ」

それ以来、彼女は稽古用の衣装を用意するようになったそうです。

その話を聞いて、なるほどと思いました。

稽古場は演出家に自分を見せる絶好の場所です。そこで最高の姿を見せることができれば、演出が向上するかもしれないし、次の仕事につながるかもしれない。共演者やスタッフも観客だということなんでしょうね。

『プリマダム』（2006年）というドラマに出演したとき、共演したバレエダンサーの小林十市《じゅういち》さんにレッスンをしていただく機会があったんです。小林さんは稽古場にスエットパンツに、セーター姿で現れて、そのまま踊ったんです。それが素敵だったんですね。普通、セーターを着てトレーニングはしないと思いますが、セーターでやった方が身体は温まるし、汗をかいても洗えばいいだけです。セーターで運動をしてはダメだという理由はない。勝手に決めているのは僕たちなんですよね。

そんなことを考えていたら、好きな俳優のミッキー・ロークのことを思い出しました。

ミッキー・ロークを初めて見たのは『イヤー・オブ・ザ・ドラゴン』（1985年）や『ナインハーフ』（1986年）だったんですが、どちらも主役を演じているのが同一人物だと気が付かなかったんです。すごい俳優だなと思って、それから一気にミッキー・ロークのファンになりました。

１９８８年、二度目のパリコレに出た時は、パリでミッキー・ロークの『ホームボーイ』が上映されていました。フランスでも大人気で映画館には長蛇の列ができていました。僕もそこに並んで、初日に観ました。パリのシャンゼリゼ通りにある映画館では、ずっと『ナインハーフ』をやっていた。そこにも何度も行きましたね。ミッキー・ロークは１９９２年に来日して、両国国技館でボクシングの試合をしましたが、僕はその試合も会場で観戦しています。

そんなミッキー・ロークですが、ロスに住むようになったらよく見かけたんです。ハリウッドスターなので、やっぱりロスにいるんですね。レストランやホテルのラウンジで何度となく目撃しましたが、一番衝撃を受けたのが、ジムで遭遇したときですね。ロスのゴールドジムでトレーニングをしていたら、ミッキー・ロークがやってきたんです。普通ならTシャツに短パン、あるいはジャージでやるところを、ミッキー・ロークは白のタンクトップに白のコットンパンツをはいて、サングラスをかけたままベンチプレスを上げたりしている。一瞬、「なんちゅう格好でやってるんだ」と思いましたが、それがまたかっこいいんですよ。

そうしてトレーニングを終えたら、シャワーも浴びず革ジャンを羽織ってバイクでバーッと帰っていく。自分をどう見せるか、わかった上でやっているんでしょうか。僕はトレーニングを忘れて、その姿に見入ってしまいました。いやあ、しびれましたね。

日本ではトレーニングをするときは、専用のウェアやジャージを着るのが普通です。でも、動きやすい服装であれば本来は何を着てもいいはずなんですよね。

とはいえ、日本ではそういうことはなかなか許されないとは思いますが……。

素敵な稽古着を着た女優さんやバレエダンサーの小林さん、そしてミッキー・ロークに出会って、そんなことに気づかされましたね。

「着るものは、多くを語る」

僕の流儀――32

YUKIさんとピート・テオ

〜震災で考えたモノを所有することの意味〜

モデルをやっていたので、やっぱり服は好きですね。

若い頃は、ブランドの服を買い集めて大切にしまっておいて、結局、一度も着ずに友だちや後輩にあげたりしたこともありました。

でも、最近は服に対する感覚がちょっと変わってきたんです。

きっかけは、3・11ですから、今から約13年前ですね。

東日本大震災があったとき、生まれて数か月の娘がいたので、大阪に避難したんです。

そのとき娘のミルクやおむつはたくさん持っていったのに、自分の服といえば、ジャージと下着数枚しか持っていかなかった。

そのとき「物を所有するとは何だろう」とふと思ったんです。クローゼットに入りきらないほど服があっても、それを持って歩くことはできない。服を多く所有する意味を考えたんですね。でも、服を買うこと自体は悪いわけじゃない。新しい服を着れば、気持ちが明るくなるし、お気に入りの服を着れば気分が良くなったりもする。そこで気づいたのが、当たり前ですが「服はしまっておくのではなく、着るもの」だということでした。

みなさん、どうでしょうか。高いお金を出して買った服ほど、大切にとっていて、なかなか袖を通さないで、なんでもないTシャツほどよく着ていたりしませんか。

それって本当は逆で、よいものほど何回も着るべきなんじゃないでしょうか。

僕は「この服、欲しいな」と思ったら、特に高価な場合は、買う前に「いったい何回くらい着るだろうか」と考えてみるようにしています。そのとき、たとえば1回の使用料を1000円に設定して、もとをとるまでに何回着なければならないかと考えてみるんです。

仮に10万円のジャケットなら100000÷1000＝100回。毎日着ても3か月強かかる。そんなにこの服を着るのか？　他にもジャケット持ってるよな……と考えてみる。

そうすれば「欲しいけれど、本当に必要か」が見えてきます。このことを実践するようになってから、無駄遣いは確実に減った気がします。まあ、それでも欲しいときは買っちゃいますけど（笑）。

これまで出会った中で何人か、ファッションに関する考え方に感心させられた人がいます。そのうちの一人が、ロスで僕の髪を切ってくれていたヘアスタイリストのＹＵＫＩさんです。

彼はいつも最新の流行服を着ているんですよ。いったいどれだけの衣装を持っているのか不思議に思って聞いてみたんです。そうしたら大したことないよ、なんて言うんですね。「毎年、春夏のシーズンの初めに2セットか、3セットくらい買うだけだよ。それを春から夏にかけて満遍なく着るんだ。そうして秋になったら、また秋冬の服を2、3セット買って春まで着る。その年に買った服を着るのはその年だけ。次の年にはもう着ないんだよ」

1回にかかる衣装代は100万円くらいというので、年間200万円くらいは洋服に使っているわけですね。でもなぜ捨てるのか。もったいないじゃないですか。そう言うと彼は「僕の商売は、つねに新しいものを着ていないとダメなんだ。ハリウッドで生きていくんだったら、当然のことだよ」と言うんです。

年間200万円はたしかに高額ですが、ひとつの考え方ですよね。

ピート・テオという友だちも同じような考えを持っています。

彼はマレーシアの有名な歌手・俳優で、20年くらい前の釜山国際映画祭で知り合いました。その映画祭で韓国の若手俳優と世界で活躍する映画人がディスカッションするというイベントがあったのですが、そこでお互いパネリストとして呼ばれていたんです。すぐに意気投合して、友人になりました。

ピートは年に一度、日本にライブをしにくるんです。そんなとき、いつも新しい服を着ているんですね。「どれだけ服を持っているの？」と聞いたら、トランク1個分しか服はないというんです。1年に1回、バーッと買い物をして、それを1年間着倒す。1年経ったら後輩などにあげて、また新しい服をまとめて買うというサイクルなのだそうです。

モノに執着しないピートらしい考え方ですね。ちなみに、ツアーの最中でスーツが急に必要になったらどうするかと聞いたら、「どうしても必要になったら、買えばいい」という答えでした。

ＹＵＫＩさんとピートに共通するのは、買った服を着倒して捨てているということです。服を着る物として扱っているんですね。僕には服は集めるものという感覚があったので、2人の姿勢は新鮮だったんです。

もうひとり、モノに関する考え方で感銘を与えてくれたのが、ある現場で一緒になったロケバスの運転手さんです。

空き時間、彼と話していたら、彼が以前行ったという世界一周旅行の話になったんです。「世界一周なんて、荷物が重くて大変だったんじゃないの？」と聞いたら、「加藤さん、荷物の重さはエゴの重さですよ」なんていうんですね。旅先でオシャレをしたいとか、お土産をいっぱい買って帰りたいという思いがあるから、荷物は重く、大きくなる。そういう余計な思いを捨てれば、荷物は軽くなるし、旅も快適になる。この言葉は刺さりましたね。

僕はなかなか服を捨てるということができない。どうしても、もったいないと思ってしまう。クローゼットにつまっているのは、服ではなく僕のエゴかもしれない。

でも、やっぱり僕は服が好きだ（笑）。

「洋服は着てこそ、洋服」

僕の流儀――33

リセットする時

～刺激を求めない静かな生活～

ありがたいことに、これまで仕事でいろんな国に行かせてもらいました。それぞれお国柄みたいなものが出るので、海外の仕事は面白いんですよね。

僕は海外の仕事では、なるべく現地に溶け込むようにしています。メイクさんやアシスタントなどを日本から連れて行ってもいいという現場もあるのですが、僕はそういうときでもなるべく現地の人を付けてもらうようにしてきました。その方が現地のことが学べるからです。

せっかくその国で仕事をしているのだから、自分の周りもその国の環境にした方がいい。

周りを日本人で固めて、日本にする必要はない。香港なら香港、韓国なら韓国、オーストラリアならオーストラリアの中に僕が存在すればいいという考えです。

海外の仕事のオフの日は、何をしているのかとよく聞かれますが、僕はひとりで街をふらふらしていることが多いですね。そうして映画館を見つけたら入ってみるんです。日本では観ることができない作品をやっていたりするから面白いんです。まあ、国によっては言葉が分からずチンプンカンプンなこともありますが、現地の人たちに交じって映画を観るのが好きなんです。楽しいんですね。

22、23年前からはデジカメを覚えたので、「なにか面白いものはないかな」と被写体を探して街をぶらぶらすることが増えました。ただ、観光名所にはあまり行かないですね。パリには何回も行ってますが、一度もエッフェル塔に登ったことがない（笑）。そういうことより、街を見ている方が好きなんです。

日本でのオフも同じです。流行りの場所だとか、そういうところにはあまり行かず、どちらかというと、ひとりで自由に動いていることの方が多いですね。たとえば、本を読んだり、服を見に行ったり、美術館や写真展に行ったり、本屋に行ったり、写真を撮ったり……、だから、コロナのときに外出できなくても苦にならなかったですね。

アメリカに住んでいたときもそれは変わらなかったです。

ユニバーサル・スタジオとかディズニーランドとか、遊ぶところはたくさんあったけれど、ほとんど行っていません。

平日は学校に行ったり、英語を勉強したりしていましたが、土日は基本的に休みなわけです。でもそういうときも特に観光はせず、普通に生活していました。せっかくアメリカにいるんだから、これをやらなきゃとか、ここに行かないと、という考えもないんですね。あ、もちろん、友だちに会ったりもしますよ。

考えてみれば、撮影現場って遊園地みたいなものなんです。毎日、撮影するシーンが違うし、ひとつの現場は長くても数か月。それが終わると、また違うスタッフ、共演者と違う作品を撮る。そういう暮らしを毎日しているから、私生活に刺激を求めないのかもしれません。

考えてみれば、どこの国に行っても、同じようなことをしています。

美味しいお店だとか、面白い場所にあまり興味がない。

気に入ったものがあれば、そればかり食べている。毎日、同じ店で同じものを食べるのも苦にならないんです。

それから街を歩いて、買う気はないけど、フラッと画廊に入ってみたり。

基本的にそういうのが、僕のオフの過ごし方です。

あまり面白くないですね。派手な休日を期待していた方には申し訳ないです（笑）。

でも、僕にとって、それがいいんです。

俳優という仕事は、他人のペースに合わせる仕事です。監督のキューで演技を始める、共演者に合わせて演技をする、常にカメラやその向こうにいる誰かを意識している。だからこそ、オフの日は自分のペースでいたいのかもしれません。

自分の好きなこと、やりたいことをひとりで黙々とやる。そういう時間が、自分が無になれる時なんです。そこで自分のリズムを取り戻しているのかもしれないですね。

「何かに没頭して、無になる時間が必要」

僕の流儀――34

パリの雨傘

～日常を楽しむフランス人～

30年前に初めてパリに行った時のことです。

日本人って、雨の日は黒い傘をさすことが多いですよね。

でも、パリに行ったら驚きました。みんな鮮やかな傘をさしているんです。セピア色の石畳の上にカラフルな花が咲いたようで、すごくきれいだったんですね。それを見ていたら、ふと「そうか」と思ったんです。

雨は毎日降るわけじゃないんだから、ビニール傘で十分だと思っていたけれど、それは逆かもしれない。たまに使うものだからこそ、きれいな傘を買っておく。そうしたら、憂鬱な梅雨時でも楽しい気分で過ごせるんじゃないか。そう思って、パリの街を見渡してみると、色とりどりの傘を揃えた専門店がけっこうあったんですよね。

僕の勝手な思い込みかもしれないけれど、フランス人は日常を楽しむことが得意なんじゃないかと感じました。

パリを何度目かに訪れたときには、凱旋門が工事をしていたんです。そのとき、無地の幕ではなく、わざわざフランス国旗が印刷された幕で凱旋門を覆っていたんです。それから、たしかエルメスだったと思うのですが、工事中の店舗にオレンジ色の幕をかけ、リボンをつけて、パッケージのようにしていました。工事が終わるとリボンが解けて、中から新しい店舗が生まれる、というストーリーだと聞きました。

パリに滞在して感じたのは、何事にも洒落が利いていて、そのことが日常を豊かにしているということでした。

たとえば、一輪の花がテーブルの上に飾ってある。花は別に食べられるものではないですが、それがあるだけで食卓は華やかになりますよね。雨の日の鮮やかな傘もそうです。普段の暮らしの中にそういうちょっとした工夫や楽しみがあって、それがなんだか豊かに見えたんです。

ロサンゼルスも洒落が利いている街でした。クリスマスに路上のパーキングに車を停めようとしたんです。そうしたら料金を入れるところに、「メリークリスマス、本日は無料！」と書いてあって、料金をサービスしてくれていた。こういう洒落は気持ちが明るくなりますよね。

30万円の給料を倍にするのは大変ですが、知恵を絞れば、30万円の給料を60万円分の価値があるように使うことができるかもしれない。日本ではバーゲンで買ったというと、なんとなくセコイ印象をもたれますが、アメリカでは賢い買い方だとされるんですね。同じものを安く手に入れることができたのだから、そっちの方が賢いでしょ、というわけなんです。

僕はロスに住んでいたことがありますが、向こうは土日は完全に休養日で、街は止まったように静かになるんです。朝起きたら、みんなスエットパンツに何か適当な服を羽織って、カフェで新聞を読みながら朝食を摂っていたりする。それって、なんだかとても豊かな時間に見えたんですね。

ロスのダウンタウンに行くと朝市がやっていて、野菜やフルーツが山積みになって売られていたりする。それで短パン姿でふらっと寄って、近くの屋台でマンゴージュースなんかを買って、それを飲みながらぶらぶらぶらと買い物をしたりする。

サンタモニカのビーチに行くと、カップルが手を繋いで散歩をしているし、ベンチに座って穏やかに朝日や夕日を眺めている老夫婦がいたりする。

もちろん、日本にもそういう場所はありますよ。

でも、やっぱりどこか固いんですよね。

日本人は土日の休みでも、家を出るときは身なりをきっちりしている人が多いじゃないですか。日本人ももうちょっと、オンとオフを使い分けてもいいいんじゃないかと思いますよね。

「ちょっとした演出が日常を豊かにする」

僕の流儀――35

トンネル理論

〜正しく撤退する勇気〜

若い子たちに「海外で勝負をしたい」と相談されたら、僕は「やってみた方がいい」と答えるようにしています。

いまはネットフリックスやアマゾン・プライム、ディズニープラスなどで世界を対象にしたプラットフォームがたくさんありますから。日本の作品が世界の目に留まるチャンスや、日本人俳優が大きな作品の主要キャストを務めることも増えているし、活躍の機会は今後どんどん広がっていくと思います。

エンタテインメントというとアメリカが思い浮かびますが、僕はアメリカに限らず、アジアやヨーロッパ……どこでもいいと思います。

僕らの頃は、ファッションならフランス、映画はアメリカだといわれたけれど、いまはボーダレス。アメリカが最高峰といわれる時代ではなくなっていますよね。

重要なのは、自分が求められる場所に行くことだと思います。

『クライムブローカー』の後、イギリスやフランスといったヨーロッパの国からも「こっちでやらないか」という誘いがあったんです。

でも、僕はアメリカでやりたいという思いがあって、そのときは動かなかった。フランスでやるならフランス語を、ドイツでやるならドイツ語を学ばなければならないという思いもあったので、その点も難しいだろうと考えたんですね。でも、実際、僕はアメリカよりもフランスの方が受けていたんです。

僕はその人に合った国や場所というものがあるんだろうと思います。

LARKのコマーシャルで共演したマイケル・パレは、撮影中にこんなことを言っていました。

「マサヤ、俺はチェコに行ったらスーパースターなんだよ」

彼が以前出演した映画に『エディ&ザ・クルーザーズ』（1983年）という作品があ

るんですが、それがチェコで予想外に大ヒットしたそうなんです。

いまそれを聞いていたら「ああそうか、自分が受ける国や場所で働けばいいんだ」と素直に思ったことでしょう。役者は仕事があってなんぼですからね。

繰り返しになりますが、いまはアメリカが一番という時代ではないんです。

それはヨーロッパかもしれないし、インドかもしれない。台湾かもしれないし、中国かもしれない。たとえば、ネットフリックスの映画やドラマに出て、どこかの国でヒットしたら、その国で仕事をする。そういうのもひとつの戦略ですよね。自分が受けるところで仕事をすることが、最終的には世界につながっていくと思うんです。

ただ、海外でやるというのは簡単ではありません。思ったような成果がでなかった場合、どこで区切りをつけるかというのが大きな問題ですよね。

僕が勝手に〝トンネル理論〟と呼んでいる考え方があります。

どこまで続いているのかわからないトンネルがあるとします。そのトンネルに入ったら、入り口から500メートル進んだ地点で迷ってしまったとする。そこから500メートル引き返せば、確実に入り口はある。でも、そこから進んでもいつ出口があるかはわからない。

そういう状況になったとき、引き返すのか、それとも先に進むのか。

日本では引き返すことを、敗北ととらえる風潮があります。一度、やると決めたら前進するのみという考え方ですね。

でも、僕は引き返すという選択肢を選ぶことはまったく悪いことだとは思いません。撤退するのも正しい決断です。

俳優というのは、演じていなければただの人です。何かの役を演じているからこそ、俳優でいることができるんですね。俳優でいるためには、常にカメラの前に立ち、舞台の上に立っていなければならない。日々、海外でやることがなくて悶々と過ごしているのだったら、仕事がある日本に帰ってくることの方がずっといいと思うんですね。敗北したかどうかなんて周りが決めることではない。それは自分の中の問題ですから。

チャレンジするのは、とてもいいことです。

ただし、3年なら3年と期限を決めて、一生懸命にやることです。

一生懸命というのは、すべてを投げ打ってやるということです。ただ海外に住んでいるだけではがんばっているとは言えません。遊ぶヒマなんかない。朝起きてから夜眠るまでそのことしか考えないというくらい、全身全霊で打ち込む必要があります。

逆にそこまでやっているから、やめるという決断ができる。違う道を探すという選択ができる。これだけやって無理なら、もうダメだと諦めることができるんですね。中途半端にやっていたら、いつまでもやめるという決心はできないものです。

いまは時代が変わって、アジア人が世界で受け入れられるようになってきました。

エンタテインメントの分野でも、韓国映画がアカデミー賞をとったり、役所広司さんがカンヌで最優秀男優賞をとったりと、いままで以上にアジア人が世界で認められるようになっている。ブルース・リーのときとは時代が違うんですね。

それに加えて、ネットフリックスなどは字幕をつけて世界に配信している。海外で活躍する上で「英語ができる」が絶対条件ではなくなっているんですね。いまは俳優にとってはかなりチャンスなんだろうと思います。

己を知り、自分が受けるところに出ていく。

世界の経済や情勢に目を光らせて、この先はどのような時代になるのか、流れを読む。

これからの世界で成功するには、そうしたことは必要になると思いますね。

そして俳優ならば、これまで以上に演技力が求められるでしょうね。

英語ができる俳優を探しているのではなく、演技ができる俳優を探している。これからも字幕や吹き替えは進んでいくでしょうから、そうなれば求められるのは英語力ではなく、やはり演技力なんですね。

今後、競争はますます厳しくなるでしょうが、日本の俳優は優秀ですから活路は必ずあると思います。

後輩たちには、楽しみながらどんどんチャレンジしてほしいですね。

「自分が求められる場所で働く」

僕の流儀――36

身体のメンテナンス

～正しいトレーニングで身体を整える～

身体のメンテナンスは、50代になってから真剣に考えるようになりましたね。

歩道橋を駆け上がったりすると足腰の衰えを感じだしましたから（笑）。

50代前半の頃、舞台が続くことがあったんですが、ぎっくり腰が頻発していたんです。

それである時、飛び込みで整体院に入ったら、その先生がとても面白い方だったんです。

「ぎっくり腰は100パーセントとは言えないが、卒業できる」というんですね。

僕は整体院の先生が「卒業」という表現を使うのを初めて聞いたので、驚きました。

先生曰く、ぎっくり腰は筋肉のバランスの悪さから起こるというんです。長年の間違ったトレーニングや生活習慣によって、僕の身体は歪んでいる。その歪みをとらない限り、いくら整体で治したとしても、疲労すればまた筋肉のバランスの悪さが原因でぎっくり腰になるというんです。そして、丁寧にその仕組みを解説してくださいました。いくらトレーニングしても間違ってやっていては意味がない。腑に落ちました。

僕は中学から大学まで陸上、モデルになってからはウェイトトレーニングやボクシング、俳優になってからはウエイトトレーニングや武道、水泳と常に何か運動をずっと続けてきました。しかし、筋肉のバランスというものを考えてトレーニングしたことはなかった。どこか闇雲に鍛えていたんです。

では、筋肉のバランスを整えるにはどうすればいいのか。

先生には、まずバランスの悪いトレーニングをやめることだと言われました。そうして一度筋肉を落として、弱い筋肉を重点的に地道に鍛えていく。そうすれば筋肉のバランスが整い、ぎっくり腰から卒業できるというんですね。

それ以来、筋肉のバランスを整えることを意識してトレーニングをやっていますが、事実、ぎっくり腰の頻度はだんぜん少なくなりました。いまでは背中の後ろで手を握るということもできるようになりましたね。

身体のメンテナンスでもうひとつ加えるとすると、睡眠でしょうか。

睡眠時間も重要ですが、睡眠をとる時間帯を考えるようになりました。

若い頃は朝4時まで起きていて昼の12時まで眠るとか、無茶苦茶な生活をしていました。夜の10時から深夜2時までをゴールデン・タイムと呼ぶそうですが、今はその時間帯に寝るように努めています。早く寝て、早く起きる方が同じ長さの時間を寝ても疲労の回復具合が違いますし、睡眠効率もよくなった気がします。そういう生活のリズムができるようになったのも、やっぱり家族ができたおかげでしょうね。

これからは質の高い睡眠、そしてバランスのよい筋トレをしながら、しっかりとケアして、ケガをしない身体をつくること。それが監督の要求に応えるパフォーマンスをするために、僕がいま心がけていることですね。

「何事もバランスが大事」

【第五章】

DAY 5

取材5日目

僕の流儀――37

役者学

～弁護士が学ぶ演劇学校～

僕が学んだアメリカの演劇学校には、弁護士が勉強にきていました。向こうでは弁護士が評決の前に陪審員の前で最後のスピーチをしますよね。その良し悪しが裁判の結果を左右するので、聞く人の胸を打つ表現の仕方を学びにきているそうなんです。

俳優を35年やってきて感じるんですが、「役者学」のようなものがあってもいいんじゃないかと思うんです。

役者学といっても、専門的な演技を教える学問ではありません。

僕らの世界にも実社会に応用できそうなものがある。それを学んで使ってもらおうという学問ですね。

たとえば、なかなか成果を挙げられないビジネスマンがいたとします。

彼は別にサボっているわけではなく、ちゃんとやっているのにうまくいかない。

そういう人は、ひょっとしたら見た目や立ち振る舞い、話し方、声の出し方などで損をしている可能性があるかもしれません。

僕らの世界には、キャスティングというものがあります。

その役に合った俳優を選ぶ、配役ですね。

たとえば、医者の役だったら医者に見える人を配役します。政治家の役だったら、やっぱり政治家に見える人を配役する。僕らの世界では、そうして選んだ俳優の髪型を整え、衣装を着せて、それらしい喋り方をさせてよりそれらしく見えるようにする。

これが俳優のいうところの役作りなんですね。

これは実社会でも同じなんじゃないでしょうか。

たとえば、政治家が街頭演説でどんなに良いことを言っていたとしても、短パンにTシャツ姿だったら、「この人は信用していいのかな?」と不安に思ってしまいますよね。

街中の露天で100万円のダイヤモンドが売られていても、普通は買わないはずです。

セールスマンなのに自信なさげに話していたら、彼から何かを買おうと思うでしょうか。

僕が武道をやっていた当時、道場には3年くらい通っていたんですが、先生がいつも着古した感じの道着を着ていらっしゃったんです。

ある時、聞いてみたんです。

「いい感じの色合いの道着を着ていらっしゃいますが、どこで購入されているんですか?」

「別にみなさんと変わらないですよ。新品の道着を買って、自分で手を加えているんです。教える立場の私が、新入生のような道着を着ていたらおかしいでしょう。新しいものを買ったら、一度、自分で色を抜いたりして、着古して見えるように加工してるんですよ」

これを聞いたとき、「なるほど、先生の道着も僕らの衣装と一緒なんだな」と思いました。

人間というのは、僕らが考えている以上に実は見た目を重視していると思うんです。

だから、うまくいっていないと感じたなら、自分の服装や髪型、立ち振る舞いを振り返ってみる必要があるかもしれません。何も素の自分で勝負をすることはないんですね。演じれば、気弱な人だってモーレツなセールスマンになれる。俳優と同じで、自分の職業を演じればいいんです。

シェイクスピアも「人は常に演じている。妻の前では夫を演じ、子どもの前では親を演じ、上司の前では部下を演じ、部下の前では上司を演じる」という言葉を遺しています。
そんなことを大人向けのワークショップで話したら、勉強になったといってくださった人もいました。少し変われば人生が良くなる。僕が思う役者学がいつか学問として成立したらいいですね。

「この世は舞台、人はみな役者だ」（ウィリアム・シェイクスピア）

僕の流儀――38

サムシング・スペシャル

~競争社会を勝ち抜くためには~

世の中にはいろんな仕事がありますが、その中でも俳優というのはかなり他力本願な仕事なんじゃないでしょうか。

俳優は、その役をどんなにやりたいと思っていても、選んでもらわなければ演じることができない。誰かに選ばれて初めて成り立つ仕事だからです。

先日、子どもを対象にした演技のワークショップをする機会がありました。

参加したのは、将来は俳優になりたいという子どもたち。劇団に所属している子もいました。そういう本気度の高いワークショップですから、僕としても気合いが入ります。

ワークショップでは、共通の課題を出して子どもたちに演技をしてもらいました。するると、どこかで見たことのある演技をする子がいるんですね。しばらく見ていたら気がつきました。ある有名子役の演技にそっくりなんです。ひょっとしたら所属する劇団などで、演技のお手本にするように教わってきたのかもしれません。もしくは、テレビで見て真似をしているのか。

「学ぶ」という言葉は「真似る」からできたという話もあるくらいですから、真似ること自体は悪くはありません。しかし、俳優の場合は誰かの真似をしていてはオンリーワンにはなれないんです。

以前、読んだ新聞記事の中で、歌舞伎役者の萬屋錦之介さんがこんな印象的なことをおっしゃっていました。

「うまい俳優はいくらでもいる。良い俳優にならなければいけない」

本当にその通りだと思います。

監督やプロデューサーは、うまい俳優を探しているわけではありません。作品に彩りを与えてくれる「サムシング・スペシャル」なものを持っている人を探しています。

〝特別になる〟というと大変なことのように聞こえるかもしれませんが、実はそんなに難しい話じゃないんです。

たとえば、僕とみなさんは顔が違いますよね。体型だって違う。それが個性というものですよね。それだけで特別なんです。だったら、その個性を最大限に利用するべきです。自分の顔、体型、声にあった演技を作ることが特別な存在になる近道だと思うんですね。もちろん、そのためにはうまい人を真似るのも大切です。ただ、真似で終わらずに良いところを取り込んだら、自分だけのオリジナリティを出していくことが必要なんですね。演技に正解はないのですから。

「世界のクリエイターは、常にサムシング・スペシャルを探している」

僕の流儀――39

SAMURAI 7

〜いくつになっても学ぶことはある〜

45歳のとき、僕は初めて舞台に立ちました。

黒澤明監督の『7人の侍』をモチーフにしたアニメ『SAMURAI 7』を舞台化した作品で、僕は主役である侍のリーダー・島田カンベエを演じました。ありがたいことに何度か再演していますが、初演の会場は演劇人憧れの、いまはなき新宿コマ劇場。取り壊し前、最後のサムライ劇でした。コマ劇には座長のみが乗ることが許された〝スターエレベーター〟というものがあったんですが、それを使うこともできた。プレッシャーは大きかったですが、ものすごく良い経験をさせてもらいましたね。

さて、そんな『ＳＡＭＵＲＡＩ ７』ですが、劇中、殺陣のシーンがたくさんあるんですよ。刀でバッサ、バッサと敵を斬る。重要な見せ場です。ところが、観にきてくれた友人に「殺陣が下手だった」と言われたんですね。

これはさすがにカチンときました。僕も一応、武道や居合をやってきた。殺陣だってそれなりに勉強したので、言われた瞬間は「素人に何が分かんねん！」ってムカッときました。でも、そこで冷静になって考えたんですね。素人だろうがなんだろうが、その友人が僕の殺陣が下手と思ったのは事実です。とすると、そう思わせるにいたった原因があったはずなんですね。

それが何なのか。考えたけれど分からなかったので、その殺陣をつけてくれた殺陣師に聞いてみることにしました。

「ねえ、オレの殺陣ってそんなに下手？」

「いや、そんなことないですよ」

殺陣師は即座に否定しましたが、まあ面と向かって「はい、下手です」とは言えないですよね（笑）。

質問した理由を説明すると、殺陣師は「あえて言うなら……」と断わりを入れた上でこう教えてくれたんです。

「加藤さんは殺陣に重みを出すために、刀を両手で握っていますよね。一方、ほかの役者さんは見た目を重視して片手で刀を握っている。両者を比べたとき、片手で握っている方がどうしても殺陣にスピードやケレンミがあるように見えるんです。そのせいで加藤さんの殺陣が下手に見えたのかもしれないですね。でも、加藤さんのやり方も正しいんです。どちらに重きを置くか、ですね」

理由が分かったところで、「なんとか変えられないか」と言うと、「いまからでは無理です」と即答されました。それで「再演があったらかっこいい殺陣を頼む」と言っておきました。

舞台は好評で、初演からしばらくして再演が決まりました。約束通り、僕の殺陣も片手持ちに変更してもらい、片手でカンカンカンと戦いました。

その時の公演を初回に出演していた俳優仲間が観にきていたんです。

「加藤さん、進化していますね！　殺陣、キレッキレだったじゃないですか！」とのこと。

その感想を聞いて、「よっしゃあ！」って頭の中でガッツポーズしましたね。

下手と言われたとき、ただ気分を害していただけだったら、そこで終わりでした。殺陣に2つの表現方法（重さとケレンミ）があり、場面に応じてそれらを使い分けるということには気がつかなかったことでしょう。

ネガティブな意見というのは、どうしても耳を塞ぎたくなります。

でも、そういう意見にこそ、成長できるヒントが隠れていたりするんですよね。

ある時にはこんなこともありました。

自分としては普通に標準語でしゃべっていたつもりが、ドラマを観た人から「関西訛りが抜けないね」と言われたんですね。

もしそうなら現場で指摘を受けていたはずなんですが、今回の撮影では一度も指摘されなかったんです。なぜなのか気になりました。それで同じ関西人なら何かヒントがもらえるんじゃないかと思い、毎日放送のアナウンサー、上田崇順《たかゆき》さんを紹介してもらって勉強に行ったんです。

上田さんがおっしゃるには、ひとつのセンテンスの中に標準語でないものが2つ以上交じっていると、訛りとして聞こえる場合があるんだそうです。

たとえば、語尾の強さ。関西では語尾を強く押す傾向があります。また、台本にないのに文末に「ね」をつけて喋ってしまったり、会話の間やテンポにも関西独特のものがありますよね。そういうものが2つ以上出ると、関西訛りとして聞こえることがあるというんですね。アナウンサーはそういうことを特に厳しく教わるのだそうです。話を聞いて、何か新しいものを得られた気がしました。

これは僕が53、54歳のときの話です。

年齢を重ねると、どうしても頑固になってきます。「それは違うんじゃないですか」という指摘を受けたら、「俺はずっとこれでやってきたんだぞ！」とつい反発したくなる。

でも、まずは聞いてみる。そして考える。

いくつになっても学ぶことは、まだあるんですよね。

原因を追究する、その行為自体を楽しめばいいんです。

根拠のないネガティブだったら、根拠のないポジティブの方がいい。でも、根拠については考える。それが僕の大切にしていることですね。

「ネガティブな意見にこそ、学びのチャンスがある」

僕の流儀――40

青拓美先生

～聞くと聴くの違い～

俳優にとって、声というのはとても大切です。

45歳で初めて舞台に挑戦したとき、舞台で声を潰さないためにボイストレーニングを受けました。そのときに出会ったのが、数多くの歌手や芸能人を教えてきた青拓美《あおたくみ》先生です。

舞台は遠くの客席まで声を届けなければなりません。僕は大きな声を出さなければならないと思っていたのですが、青先生はそうではなく、響く声、通る声を出すことが重要だと教えてくださいました。そのほか、どんな質問にも的確に答えてくださったので、舞台が終わった後も先生の教室に通って勉強することにしたんです。

実をいうと、僕は自分の声がコンプレックスでした。僕の地声は高い。理想は松田優作さんのような低くて渋い声だったので、無理をして低い声を出してきました。

そんな僕に青先生はこんなアドバイスをくださいました。

「加藤さんは自分のキーと違う声を無理に出そうとしている。楽器に色々な音色があるように、人にもそれぞれその人の容姿に合った声がある。たとえば、ピアノからトランペットの音が出たら驚きますよね。それと同じで、見た目からイメージする声と違う声色が出たら違和感がある。加藤さんは加藤さんの声で話すべきです。その方が自然なんです」

先生はそう言うと、自分のキーで色々な声を出す方法を伝授してくださいました。

発声のレッスンを通じて気づいたことがありました。

それは「聞く」ではなく、「聴く」ことの重要性です。

先生のレッスンはピアノで伴奏してもらって、歌うように発声していきます。このとき、自分の声にだけ集中しているとうまく行きません。ちゃんと発声するには、ピアノの音を意識して「聴く」必要があります。「聴」という文字には、「注意深く耳を傾けて、内容を理解しようとする」という意味があります。「音として聞く」という「聞こえる」とは違って、ピアノの音を「聴いて」発声する。つまり相手のセリフを「聴く」と言うことが身についたんです。

海外の演劇学校には、歌や踊りの授業があります。なぜだろうと思っていましたが、それは「音を聴くことを学ぶ」ための授業なのではないかと思うんです。

たとえば歌手の方は、演技がうまい人が多いです。これはあくまで僕の考えですが、それは多分、セリフの音色を聴いているからなんじゃないかと思います。

歌手の方はセリフを聴きながら、音を聴いている。セリフには音色があって、感情によってその音色は変わります。怒っているときは高くなるし、悲しい時は低くなるなど。歌手の方はその微妙な違いを敏感に聴き分け、自分のセリフに無意識に反映させている。だから演技がうまいと思うんです。

僕にとって青先生との10年のレッスンは、「聞くこと」と「聴くこと」の違い、そして声の大切さに気付かせていただいた大きな体験でした。

「学べば学ぶほど自分の知らないことを知る」

僕の流儀――41

官能小説

〜濡れ場の表現から見る日本映画の未来〜

小説の中に、官能小説というジャンルがありますよね。

ひと昔前は、駅のキオスクの片隅でよく売られていました。黒い背表紙に『女教師〜』や『若妻〜』みたいなタイトルが書かれた本です。

僕は読んだことがなかったのですが、小説家の大沢在昌《おおさわありまさ》さんとお話していたときに、たまたま官能小説の話題になったんです。その時、当時官能小説の分野で人気だった南里征典《なんりせいてん》さんの名前を出したら、「ああ、あの人はもともと『未完の大局』などを書いていた人だよ」と教えてもらったんです。それを聞いて、僕は「ええ〜！」っと驚きました。僕は南里征典さんといえば、てっきり官能小説を専門に書かれている方だと思っていたからです。大沢さんによると、南里征典さんは70年代から80年代にかけて数多くの冒険小説を手掛けていたということでした。そういう方が書いている官能小説は、いったいどういうものなのか。

加えて、同じようなタイトル、同じようなデザインの本なのに、売れている本とそうでもない本があるということも知りました。どこでその差が分かれているのかということも気になったんです。それで似たようなタイトルの本を何冊か買い求めて、アメリカに戻る飛行機の中で読んでみました。

一番、興味を持ったのが、文章表現です。

普通の小説はストーリーで話を読ませますが、官能小説は濡れ場が中心。濡れ場を描く表現の面白さ、巧みさで作品の優劣が決まっている気がしました。これはつまり、どれだけ読み手である男性の趣味嗜好に刺さる表現ができるか、ということなんじゃないでしょうか。

その後、女性向けの作品はどうなっているんだろうと思い、ハーレクイン・ロマンスも読んでみました。そうしたら同じような状況であっても、やっぱり女性目線の表現が多い気がしたんですね。男性向けの官能小説を読んでも女性はピンとこないそうですが、それも頷けます。

これはちょっと極端な例ですが、一般的な作品にしても同じことが言えそうです。たとえば、恋愛をテーマにしたドラマがあるとする。その脚本を男性が書くのか、それとも女性が書くのか。それによって、そのドラマが受ける層は確実に変わってくるはずです。

大きなバジェットの作品になると、可能な限り対象の視聴者層を広げたくなります。でも、官能小説とハーレクイン・ロマンスではありませんが、男性と女性のどちらにも受けるモノを作るというのは、実はとても難しいことなのかもしれません。

ターゲットを分析して、需要に合ったものを供給する。

たとえば、Ｖシネマはまさに需要と供給がマッチした好例だと思います。Ｖシネマは視聴者層が明らかなので、その層にあった脚本、キャスティング、演技を揃えているから手堅いジャンルになっていますよね。

映像のストリーミングサービスが普及したことで、世界の様々な国の作品を観ることができるようになりました。先日、あるスペインの映画を視聴したのですが、ちょっと感覚的に理解できない部分もあった。たぶん、その映画は世界に向けてというよりは、スペイン国内向けに作られた作品だったんでしょうね。だからスペイン人なら理解できるけれど、僕ら日本人には理解することが難しいという感覚のズレが起きてくる。ドメスティックなものと、インターナショナルなものも違うんですね。

これからは日本の作品もますます世界で観られるようになるでしょう。その中で成功するには、ターゲットを明確にすること、そしてバジェットに合わせたスケールで作品づくりをしていくことが成功の確率は高まるんじゃないでしょうか。

僕の勝手な考えですが、最近はそんなことを考えていますね。

「目的やターゲットが決まれば、表現も決まる」

僕の流儀――42

メソッドの重要性

〜演技がうまい理由を説明できないわけ〜

ありがたいことに、僕は俳優に転身した直後から、お仕事をたくさんいただきました。デビュー作から主演映画で、その後も立て続けに何本も主演作を撮っています。実現はしなかったけれどアメリカのアドベンチャー映画（『ゴールデン・サムライ』）に主演する話もあったし、ハリウッドの有名俳優と共演することもできました。ここまでデビューしてから5、6年のことです。傍から見ている分には、この上ないほど順風満帆に見えたんじゃないでしょうか。

でも、内心、僕はずっと焦っていました。僕はそれまで演技の勉強をしたことがなかったので基礎がなかった。演技といっても、ただ感性で演じているだけだったんです。

室町時代の能楽師・世阿弥《ぜあみ》は、能の理論をまとめた『風姿花伝《ふうしかでん》』の中で、子どもの演技について次のように書いています。

「この花はまことの花にあらず、ただ時分の花なり」

若いときには、若いという花が咲く。でも、それはその場かぎりの魅力であって、本当の実力ではないというんですね。僕の場合もまさにそうでした。僕に大きな役がきていたのは実力があったからではありません。若さと勢いがあっただけだったんですね。

アメリカに渡った後、ようやく本格的な演劇学校で勉強することができましたが、日本にもそういう場所があったら良かったという思いはずっとあります。近年になって日本にも演技のメソッドを教えるワークショップが増えてきましたが、演劇を学ぶ学校や学部など、アカデミックな場所はまだ少ないように感じます。

欧米では演技のノウハウをメソッドという形でまとめられています。必ずしもそれが正解というわけではありませんが、日本でももっとメソッドを活用すれば、効率的に演技を学ぶことができるんじゃないかなと思っています。

メソッドを学んでおくと、海外の監督と仕事をするときに役に立つんですね。

向こうではメソッドは前提の知識として共有されているので、撮影の際に「ジャーニー」「インナーモノローグ」といったメソッドに関する専門用語が飛び交い、監督から「このシーンのオブジェクションは何だと考えている?」という質問がきたりします。そんなとき、メソッドをある程度理解していないと、監督の質問が理解できないし、監督の指示や演出意図がわからなくなってしまいます。

もちろん、感覚的にやる良さもあります。ただ、僕は日本人の俳優がさらに世界で活躍するためには、演技を体系的にとらえることも必要だと思っています。

海外で仕事をしてきた中で感じるのですが、日本人の能力というのはとても高いんです。それは海外の演劇学校でも感じましたし、海外の撮影現場でも感じました。

経験豊かな欧米の俳優でも、言葉の通じない現場にひとり放り込まれたら混乱するのを見てきました。でも、日本人の俳優はそういう環境でも与えられた仕事をしっかりとやり切る。もし、そこに体系的に演技をとらえるメソッドが加わったら、鬼に金棒だと思うんです。

演技がうまい俳優の名前を挙げてくださいと言ったら、何人も出てきますよね。でも、なぜその人の演技が上手いのか、理由を聞かれたら説明できる人は少ないと思います。

サッカーの上手い、下手は技術的な面で説明できますが、なぜ演技はそれができないのか。その理由が分かれば良い演技にも再現性をもたせることができる。それがメソッドなんじゃないかと思うのです。

こうやって60歳になるまで俳優を続けさせてもらった恩返しではないですが、僕には日本の映画界にもっと良くなってほしいという思いがあります。

今後は自分の経験を何らかの形で後輩たちに伝えていきたいですね。

子どもたちへの演技のワークショップもその活動の一環です。

もちろん、あくまで僕が経験したことですから、合う合わないはあると思います。

でも、それが誰かの参考になったとしたら、それほど嬉しいことはないですね。

「何事も成功の理由が分かれば、
再現することができる」

僕の流儀――43

初期化

～不易流行、変えるところと変えないところ～

人間は年をとればとるほど、賢くなって失敗しなくなります。

でも、それは逆に言うと、失敗しない世界の中だけで生きているということなんじゃないかと思うんですね。

世界が狭まってしまったら、色々なことに挑戦して世界を広げていく必要がある。そう考えるようになってからは、仕事に対する考え方も変わりました。50歳を節目に、過去の自分を初期化して、イチから始めるのも面白いんじゃないかと思ったんですね。

たとえば、色なんかはそうですね。

若い頃にはピンクの服なんて絶対に似合わないと思っていた。でも、年をとって白髪になったり、シワが増えてきたりしたら、ピンクが意外と渋く見えたりする。自分には似合わないと思い込むことが世界を狭めているんですね。

それと同じで、自分はこんなキャリアを積んできたから、こういう仕事はやらないとか、こんな仕事は向いていない、なんて思うことを止めたんです。

仕事のことでいえば、ラジオはそうですよね。

ちょうど50歳のときに、ＦＭヨコハマさんからラジオの話をいただきました。放送は土曜の夜ですので、最初は映画や演劇の情報をオシャレにお届けする、というのがコンセプトでした。でも、それだとちょっと当たり前すぎるような気がしたんですね。そこであえて関西弁で、テンション高くバンバン喋る方向に変えてみた。だから番組のタイトルも『加藤雅也のBANG　BANG　BANG！』になりました。

僕の感覚では、過去にしてきたことの延長ではなく、まったく新しいキャラクターで始めてもいいんじゃないかという思いがあったんです。最初のうちはリスナーの方から「イメージと違う」というご意見をいただくこともありましたが、従来のイメージを脱ぎ捨てたからこそ、10年も続く番組になったと思うんです。

ＮＨＫの連続テレビ小説『まんぷく』（２０１８年）で演じた、パーラー白薔薇《しろばら》のマスター、川上アキラもそうですね。

最初にいただいたのは、関西弁でこそあるけれど、若い頃に俳優を目指していたという、いわゆる二枚目の喫茶店の店主でした。

「カレー、ワン」

「コーヒー、ワン」

オーダーを取るときに、そんな感じの英語をしゃべるという役です。

それを撮影の現場で思い切って変えてみたんですね。

「ユーアー、カレーライス、オッケー？」

「ユーアー、コーヒー、オッケー？」

と変な英語にしてみたんです。語尾の「オッケー？」も渋く発音するパターンと、軽く言うパターンの二択があったのですが、あえて軽く言う方を選んでみました。

初めてそのキャラクターで演技をした時のことは、今でもよく憶えていますよ。

スタジオの空気が「サーッ」と引いていく感覚がありました。

僕はそれまで川上アキラのような軽い役柄を演じたことがなかった。周りも初めて見せられて、戸惑ったんだと思います。

でも、一度やると決めたら、やり抜くしかないんですね。その中で必死に続けていたら、セット替えのときにスタッフたちが「オッケー?」「オッケー?」と川上アキラの真似をしていたんです。その姿を見て、「よっしゃ、受け入れられている!」とようやく安心しました。

白薔薇のマスターは視聴者の方にも評判だったそうで、当初は数回の予定だったのが、ドラマの最後の方まで出演させてもらえることになりました。「セリフがなくていいから、あの喫茶店のシーンに出してくれ、なんていう役者さんもいるんだよ」とプロデューサーから教えてもらったときは嬉しかったですね。妻役の牧瀬里穂さんとも夫婦漫才のようなユニークな掛け合いができたし、周囲の人からも「新しいキャラクターができたね」と言ってもらえて、役の幅が広がった気がしました。

新しいキャラクターを持つことは、世界を広げる近道になりますが、完全にキャラクターを変えるというのとはちょっと話が違います。完全にキャラクターを変えてしまっては、ただ変えただけ。何も増えていません。自分の従来のイメージを保ちつつ、そこに新しいキャラクターをプラスするから、世界が広がっていくんですね。

もっとも、世界を広げたことで、これまで以上に自分に対してシビアになりました。本来のイメージに合った役がきた時、そこで中途半端な演技をしたら「最近、軽い役ばっかりやっているから、演技に重さがなくなったよね」などと言われてしまいます。そうならないようにするには、以前よりもさらに過酷に役作りをしなければならないんです。まあ、戦いですよね。

「過去の延長線上に未来はない」

僕の流儀——44

変化なくして生き残れない

～ＡＩの進化にどう向き合うか～

モデルの時代を含めると、芸能界に入ってから40年近く経ちました。

その間、色々な時代の変化を感じましたが、新型コロナウイルス騒動のときほど変化を感じたことはなかったですね。

新型コロナの影響で、世の中は大きく変わりました。人と会う、外に出るといった、それまで当たり前にしてきたことができなくなった。俳優というのは集まってやらないとできない仕事ですから、このまま続いたらどうなってしまうんだろうと不安に思いましたね。

そんな中、制限を受けながら仕事をしてきたわけですが、気がついたのが、意外とムダが多かったんだなということです。

たとえば、コロナの前には、ほんの数十分で終わる用件のために、わざわざ準備をして何時間もかけて出かけたりしていた。それがリモートでできるようになったので、便利でいいなと思いましたね。

ところがコロナが終わると、また元通りになってしまった。もちろん、ムダの中には必要なムダもあるんですよ。たとえば、僕は体温を感じたいから、なるべく人とは直接会いたいという考えです。そういうムダは残してもいいのかなと思う。でも、せっかく分類できたのですから、本当に不必要なムダはそのままなくしていった方がいいと思うんです。そう思うのは、これからは時代に合ったやり方がシビアに求められる世の中になる、と感じているからです。

僕ら俳優の世界でも、変化は確実に起きています。

たとえば、２０２３年にハリウッドで起きた全米脚本家組合や全米映画俳優組合によるストライキなどもそうでしょう。このストライキでは様々な要求がなされましたが、そのひとつには人工知能（ＡＩ）の使用制限があった。コンピュータが脚本を書く、コンピュータが演技をするというと未来の話のように思えますが、いつ始まってもいいようなところにきているんです。実際、ＡＩで作られたモデルが出演するコマーシャルも作られています。彼らは24時間働かせても文句を言わないし、スキャンダルも起こさない。クライアントからしてみたら、完璧な存在です。ＡＩとどう向き合っていくのか、真剣に考えなければならない時期にきていますよね。

テクノロジーといえば、マイケル・パレからこんな話も聞きました。

最近、ハリウッドでＬＥＤウォールスタジオというものがポピュラーになりつつあるというんです。これは背景がＬＥＤスクリーンでできた特殊なスタジオで、ＣＧを使った撮影などで使われています。従来のＣＧ撮影といえば、緑の壁（グリーンバックなどと言います）を背景に演技をして、あとからＣＧを合成していましたが、ＬＥＤウォールスタジオの場合は背景にＣＧを表示できる。俳優は自分がどういうシーンをやっているのか視覚的に理解できるし、ＣＧも一瞬で切り替えられて、非常に便利なんだそうです。そうなると、わざわざ海外ロケに行く必要もなくなる。当然、大掛かりなセットも作る必要はなくなりますよね。そして撮影期間もコンパクトになる。

テクノロジーの進歩は止められません。今後、間違いなく大きな変化がやってくる。生身の役者ではなくＡＩが演技をする映画が作られる時代が本当にくるかもしれません。

そういう中で、俳優である自分はどう生き残っていけばいいのか。

一番は〝自給自足〟できる状態を作っておくことでしょうか。

ここでいう自給自足は、誰かの力を借りなくても、自分だけで役者という仕事を成立させられる状態を指します。

これから何をしていくのか、情報を発信できる力を持つ。小規模でもいいから、自分で映画を作ることができる力を持つ。歌ったり、踊ったり、喋ったり、一人でマルチに表現できるエンターテイナーを目指す。陸上競技にたとえるなら、１００メートル走がめちゃくちゃ速いだけではダメで、なんでもできる十種競技の選手になる。そういう状態になることが生き残るためには必要なのかなと思っています。「芸は身を助ける」といいますが、的を射ていますよね。

私の友人に面白いことを言う人がいます。

アメリカのＳＦ映画を見ると、残る仕事、消えていく仕事がわかるというんです。

たとえば、自動運転が当たり前になっている未来を描いた映画には、ドライバーは出てこない。人工知能が極度に発達した未来を舞台にした映画だと、コンピュータが病気を治療している。

その友人が言うんですね。

「ＳＦ映画には歌手は出てくるけれど、俳優は出てこないよね」

たしかにそうです。ＳＦ映画で俳優をしている登場人物は僕が知る限りいないですね。

はたして未来はどうなるのでしょうか。


「進化は変化することである」（チャールズ・ダーウィン）

おわりに

最後まで読んでいただきありがとうございました。

俳優デビューしてから35年、そのすべてを書けたわけではありませんが、印象に残っている思い出を中心に書かせていただきました。こうして本にまとめることができたことで、60歳という節目にこれまでの活動を整理することができたかなと思っています。

今回は話題を広くして、僕という人間が考えていることを知ってもらおうというコンセプトで書きましたので、ひとつのトピックを深く掘り下げるということはやりませんでした。撮影の裏話、演技のこと、英語についての話や趣味の写真のことなど、もっと深掘りできる話はたくさんありますので、いつかはそういうものも書いてみたいと思っています。ただ、出版社も何冊も売れない本を出すわけにはいかないでしょうから、次があるかどうかはこの本次第ですね（笑）。

この本を書き上げるために30時間強のインタビューと、数回に及ぶ原稿チェックに根気よく付き合ってくださった編集の権田さん、ありがとうございました。

そして、モデル時代にお世話になった方々、俳優を35年続けるにあたって支え続けてくださった方々にこの場をお借りしてお礼を申し上げたいと思います。本当にありがとうございました。今後ともよろしくお願い致します。

この本の出版は、僕の人生の起承転結の「転」に位置付けています。

この本の題名にもしました「What's Next ?」の精神で「結」に向かって常に新しいことに挑戦していこうと思っています。

情報過多のこの時代、常に発信をし続けないと忘れられてしまいます。

コロナ禍では、自分で仕事を作り出す能力を磨くことも必要だと痛感しました。役者だけをやっていけたらそれが一番ですが、俳優はオファーがこないと仕事がないですから。

自分で仕事を作り出す一環として、最近は監督やプロデュースすることに関心が出てきています。どちらもやりたいと言ってできるものではありません。話がいつきてもいいように普段から意識を持って準備しておくことが大切だと思っています。

また、未来の俳優を育てるためにワークショップ等で自分の経験を伝えていければとも思っています。

そのためにはいつまでも自分の足で歩き続けなければならないし、舞台に立ち続けなければなりません。僕たちの仕事には定年はないのですから。

俳優は学びを与えてくれる仕事です。これからもいろんなことを学び人間として俳優として成長していきたいと思います。

最後に、原田隆史先生、藤井聡先生、素敵な帯文ありがとうございました。

写真家の大沢尚芳さん、素晴らしいカバー写真ありがとうございました。

そして最後まで本書を読んでくださったすべての方に、大きな感謝を……。

さあ、次は何をやろうかな。

２０２４年１月吉日

加藤雅也

著者紹介

加藤雅也（かとう・まさや）

1963年生まれ、奈良県奈良市出身。大学在学中にモデル活動を開始。ファッションモデルとして東京コレクション、パリコレクションを経験し、1988年『マリリンに逢いたい』で俳優デビュー。1995年から活動拠点をロサンゼルスに移し、映画『GODZILLA』等、海外作品に多数出演。2002年に帰国し、ドラマ『アンフェア』や連続テレビ小説『まんぷく』、大河ドラマ『いだてん』など、様々な役柄を演じて話題に。代表作に『帝都大戦』、『外科室』、『クライングフリーマン』、『BROTHER』、『荒ぶる魂たち』、『新宿インシデント』、『THE LAST MESSAGE 海猿』、『真田十勇士』、『二階堂家物語』、『彼女は夢で踊る』、『軍艦少年』がある。現在は日本を拠点に俳優、モデル、ラジオDJ、写真家として活動の場を広げている。近年の主な出演作に『キングダム』シリーズ、『1秒先の彼』、『幽霊はわがままな夢を見る』、『彼方の閃光』、『カムイのうた』がある。レギュラー番組は2022年に10周年を迎えた「加藤雅也のBANG BANG BANG!」（Fm yokohama）。

協力：株式会社バーニングプロダクション
カバー写真：大沢尚芳

僕の流儀　What's Next？

2024年2月9日　第1刷

著　者　　加藤雅也

発行人　　山田有司

発行所　　株式会社　彩図社
東京都豊島区南大塚3-24-4
MTビル　〒170-0005
TEL：03-5985-8213　FAX：03-5985-8224

印刷所　　シナノ印刷株式会社

URL https://www.saiz.co.jp　https://twitter.com/saiz_sha

ISBN978-4-8013-0687-5 C0095

7